文芸社セレクション

組織病理

（相対性理論の応用から）

金田 裕治
KANEDA Yuji

文芸社

目 次

はじめに …………………………………………………… 7

Chapter 1 （相対性） ………………………………… 9

Chapter 2 （態様） …………………………………… 67

Chapter 2.5 （インターミッション） ………………… 119

Chapter 3 （方策） …………………………………… 133

Chapter 4 （多様性） ………………………………… 171

総まとめ …………………………………………………… 220

(数式を使わず相対性理論も同時に学ぶ
　また組織病理にまつわる雑多な小論を随所に散りばめます)

Bureau Pathology (from application the theory of relativity)

(We don't use formulas, we learn the theory of relativity at the same time, and we scatter all sorts of minorities about bureau pathology everywhere.)

Introduction
Society and the universe are closely related.
I think this book would be the first scientific discovery of the pathology of a large organization in the world.
It may be a little difficult to understand because we're talking about it based on Einstein's theory of relativity, but I did our best to make it as easy as possible to understand for many people.

Organizational problems are repeated, in all ages, and the same pattern is repeated permanently even in modernsocieties. We human beings have not yet been awareness and learned from the past. This problem is a confrontation between the universe and life organisms.

In this book, I try to clarify the factors that human societies have been subject to such
unintended universal physical influences.

Beforehand, I'll say the most important thing in understanding the theory of relativity is having an interest in the concept of time and the flexibility of mind that is not bound by common sense, and the rest is a complete dislike of self-contradiction.

はじめに

社会と宇宙は　密接に関係があります
この本では　大規模組織の病理を科学的に世界で初めて明らかにしたものです

アインシュタインの相対性理論を基礎にして　応用したものから論じているため少し難解かも知れませんが　できる限り多くの人々が理解できるようやさしくする最善の努力をしました

古今東西から現代社会においても普遍的に組織の問題は繰り返し繰り返し　同じパターンが繰り返されて　人類は未だ過去に学ぶことなく　またそれに気付くこともないくらい　自然宇宙物理と生命体の対峙問題となっています

本書では　今まで人類がそのような意図しない普遍的な自然物理の影響下にある要素を明らかにすることにより　同じ過ちを繰り返さないよう　戦争のない平和で豊かな社会のありかたの方途を目指すための道しるべとして少しでも役に立てれば幸いに考えています

予めお断りしておきますが　相対性理論の理解で一番必要な

ことは　時間という概念の興味と常識に囚われない柔軟な心
あとは自己の矛盾を徹底的に嫌うことです

Chapter 1 （相対性）

1　相対性理論

相対性理論を理解する意義と効果

結論から先にいうと無駄な戦争を無くすためと組織病理をできるだけ少なくすることにある

アインシュタインの相対性理論は　様々な科学者が19世紀末頃地球の宇宙空間での絶対速度を計測しようとした試みが元々の事の発端だ

誰もが考えるかも知れないが　地球の四方八方から来る宇宙からの光の速度差を測れば容易にわかるだろうと想定された

ところが予想に反して実際には　地球のどの方向からくる光も寸分違わず全く同じ速度だったのである
勿論空気等で微妙に減速することなどは当然計算に入っている

しかし地球は自転・公転ということからも最低限確実に宇宙空間を移動していることは間違いない

ニュートン力学からみても明らかな矛盾である

相対性理論はそのような矛盾を様々な困難から全て解決した理論であるため逆に一見矛盾だらけに見えてしまうことがありなかなか専門家でさえ正しく理解することは今もって難しいのが現状だ

本書では常識に反して全く数式を使わず正しい相対性理論を万人に理解して欲しいと願うことと宇宙の自然物理のありのままをそのまま相対性理論は説明しているだけなので　そもそも矛盾のおこりようのない理論であることを念頭に置いておいて欲しい
もし矛盾に思えるところがあれば　人間の思考概念の中の矛盾にほかならない

あと集団組織の問題は　古今東西様々に議論されてきたにもかかわらず一向に解明できないのは　相対性理論の知見が必要なためであると考えている

本書では相対性理論を基盤とした根本的な組織病理の解明に取り組む

そのため最低限の相対性理論の基礎からはじめて　実際の自然物理は俗な常識とは違うということを全て理解できなくとも　肌で感じとって頂きたいとおもうしだいである

また組織病理の理解には　どうしても根底に相対性理論が必要だと私は考えている

1-1　常識について

常識とは　如何なるものだろうか

一定の範囲内の社会で多くの人々が　共通の認識だったり価値観をもつような状態とでも言おうか
よく常識外れだとかいう言葉を耳にすることがある

1-2　慣性の法則

ここで出てくる慣性の法則とは　そう　有名なニュートンの運動の第一法則のことである　　皆さんお馴染みだろう　実は社会における慣性法則は　非常に重要な意味がある
考えてみてほしい　朝起きた時　休みに何をしようかなとかほとんどのひとが　ある一定の行動パターンがあるはずである
何故そうなりやすいかは　自然物理界の慣性の法則に従っているからである　　大抵のひとは　特別なことがない限り同じことを繰り返すことになることが多くなる
思考においてもより顕著にあらわれてくる

1-3　シフトパラダイム

慣性の法則から脱却して　何か全く違う別の考え方とか　新

しい発想とか起こすのは　ふつう大きなエネルギーがいるため万人に大変なことになり　また　かなりの柔軟性も要するだいたいにおいて大きく世界を見渡せば　そのようなことが困難を極めるため世代交代がないと世の大きな価値観などの思考推移など無理なことが多いと思う
すなわち　常識というものは　いつの時代でも40〜60年と遅れることになる
場合によっては　100年近く遅れる
人々に確たる常識と根付く頃には　実際の現実は変化してゆき状況違いな常識が残滓として堆積していく
そのためいつの時代でも必ずかなりの磐石であった筈の常識はズレていく
これが一つの大きなトレンドであるわかりやすい時間の偏移である
時間偏移は　社会損失の一つでもある

1-4　時間偏移

時間偏移とは　その瞬間における空間の歪みからの指向性をいい非常に長い時間をかけて人間社会に影響を与えるものをいう　　瞬間的なものの微分による長い累積変化やまた長い時間経過による社会現象の歪み等を含める　　組織病理の最も重要なキーワードになるため覚えておいてほしい
アインシュタインの特殊相対性理論・一般相対性理論で　3次元空間に時間というものを加えて　4次元空間という　時

空という概念で相対性理論は　成り立っている　　　これは日常の現実空間そのものでもある
せっかくの機会なので　ごく簡単に説明しておこう

1-5　特殊相対性理論

物体の移動にともない　変形してその移動系の固有時間の進みかたが変わること

1-6　一般相対性理論

特殊相対性理論に重力という場が加わり　速度又は　重力によっても　その系の物体の変形と固有時間の変化すること

1-7　相対性理論

ひとことでいうと　全ての物体は　移動や場の状態で変形したり相対的にその移動しない系に比べてその移動する系全体の時間が変わるということ　　また移動だけでなく場の状態も移動と同じように時間の進行変化があるということだ
相対性理論では等価原理というものが重要で　わかりやすい具体例では　車で加速したりカーブを曲がったりしたとき重力的な加圧を感じる　遠心力でも同じことだ

地球上の静止状態の重力とこの移動等に伴う加圧は時間進行を遅らせる全く同等の作用をもたらすため相対性理論では等価原理といわれる

空間の変形には　時間の進行の速い遅いと同じ変化をするすなわちその空間が小さくなればそのものの時間進行は遅くなる　　また物質や空間自体が膨らめば時間進行は速くなる空間（不思議な空間枠としての空間ではなく現実の空気などを含む物体などの占める物質又は真空の空間として理解されたい　そのため歪んだり縮んだりするのはあくまでエネルギーを含む物体の全体で真空の歪みは考えなくてよい）の大小と時間は物理的に比例関係にある

さてこの時間進行だが　一つの系内では　他の系との比較をしなければ自らは決して気付かないということが組織病理では大変重要なことになる

即ち自己の空間内では　決して時間進行の具合や空間の縮小や膨張は　計ることも不可能であるし気付くこともない

少しわかりにくいかも知れないが　相対性理論でいう空間とは　例えば宇宙船で光に近いような超高速で移動した時にその船内を占めていた空間が　全体的（特に進行方向）に空間として縮み時間も遅れるという　日常常識では考えられないことが　物理的に実際おこることを明らかにしたものだ

1-8　時間の進みかたの変化

家族や会社　行政機関や国みな組織構造をもち　だいたいま

ず何らかの目的を持っている
家族なら養育とか　心のより所とか生活拠点など
会社なら利潤活動による富の分配とか
また行政であれば　国民生活に対するサービスとか　国単位でも　国防や治安　経済社会福祉という全般的な　一律的な統一感というように
一つ例をあげるとして　まあ一般的な会社を考えたときに
組織的に社長とか現場の従業員を考察する
多くの場合　社長と現場の従業員では　違いがある　当たり前過ぎて違うに決まっているし話にならないと思われるかも知れないが　なかなか気づきにくい重要な違いがある
時間の進行具合が違う
社長の時間は遅くなる
視野の長期性や財務　会社自体の存続性を常に考える必要から　責任の重さも違うだろう
先ほども常識について　述べた通り時間偏移という問題が出てくる
まあ仮にそうだとしても　なにか僅かな違いではないかと考えるのは早計で　ゆくゆく大きな問題に発展していく
あと　その会社と外部の環境との時間偏移もある
ある会社が何かに特化して集中の状態にあり長く続く場合など　必ずしも悪い方向に行く場合ばかりではないが　あまり執拗に長く続くような傾向としては問題発生してゆくことが多い

1-9　時間の意味

時間偏移については　わかりにくいためもう少し説明したいと思う

世間のひとの価値観や思考様式などは　その時々の時代で大きく変わっていく

しかし先ほどの会社内やまた周りの環境との僅かな時間偏移があるときといっても一般的に　時間は絶対的に　誰にも均等に流れているではないかと思われがちである

時間の使い方等で主観的時間の違いは　誰でもよく経験するところだろう

本書でいう時間偏移とは　物理的時間に近い

どういうことかというと子供と大人でも　一日の時間の長さが違う　また空気中と水中でも違う

時間とは　素粒子の動きやすさやそれらの移動速度をいい時間全体の流れのようなものは　宇宙で一様でないことであることは　相対性理論でも明らかな帰結として示されている

ここでの時間偏移は　単なる時間進行の差というより物体・素粒子の動きやすさの差すなわち思考時間の差と理解していただきたい

睡眠を削りより多くの活動を精力的に行うひとは　寝たきりになったひとより倍以上の長い人生経験になることのようなものだ

思考時間の差は　驚くような膨大な差が生まれていき組織病理に大きな影響がある

1-10 意識速度

主観的な時間が　意識速度と等値とすると　客観的時間でさえも実際に一様でないということが　物理的にも確認できるというのが相対性理論の明らかにしたところだ
ひとまず　この時間偏移は　遅れとして一纏めにして整理しておきたい

まとめ

ここまで　時間と組織について述べた
それぞれ違う慣性系の時間のズレは　組織病理の重要なポイントになりますので十分な認識をしておいてほしい

2　細分化

2-1　細分化の問題

専門化という　社会には　数限りないくらいの細分化されてゆく傾向がある
なぜ細分化が行われるのか物事の把握や発展性とか　またひとの脳の構造にも関係がある

さて細分化のデメリットを考える

細分化の弊害とは　実に沢山ある

第一に　細分化は　主要な道を見失いがちだということだ

これは学問や行政また家族内でも頻繁に起こる

多様性と集中とかの両極の抽象的要素に還元される

これを最も具現化したゲームがある

囲碁というものは　部分に集中すると全体が　おろそかになり　全体に俯瞰していると部分に侵食され負けてしまうという誠に奥深いものの代表格である

またなぜかひとは　そういうバランスが重要だと予めわかっていてもその渦中では実践できない生き物である

第二点目として　人間の行う細分化問題は当事者の意にそぐわなくなるときに　何かと罰を科すようになることである

これも組織病理の重要な要素の一つとなる

2-2　ネガティブフィードバック

細分化と集中化の問題には　時間縦軸のフィードバック機能が働く

量を犠牲にして　質に還元することは　よく行われることである

具体的な実際の例としては　オーディオの世界で　アンプなどで多用されてきた　　NFBとかに省略されてよく使われる

簡単に説明するとアンプ本来の増幅するという貴重な音量をある程度犠牲にして音質の向上を図ることである
いろいろなプロジェクトでいうと　新しい追加の催し物を犠牲にして準備の練り込みに時間をかけ　ファインナップするようなものである
オーディオの例で　ネガティブフィードバックのデメリットを考察すると　実は音質は良くなるものの生々しさが失われるという（歪みの少なくなること等から）
実に厄介な物理的というより聴感上の派生問題も生じてしまう
細分化には　集中化もつきもので　多様性除去や新しい発見の阻害の方向に進みがちになってしまう

2-3　アクティブフィードバック

集中と細分化が　極度に進んでいくと　アクティブフィードバックという発振状態に突入してしまうことがある
暴発とか　質を劣化させてもあくまでも量で最大限にするということだ

まとめ

細分化に関する専門性という問題も組織病理に関する重要な要素のため意にとめておきたい

3　脳

3-1　脳と組織

一人の人間としての脳は　組織と関係あるのだろうか
または　二人以上から組織の問題が生じるのだろうか
脳にも旧皮質や古皮質　大脳皮質また左脳・右脳とか　分化している
たとえば　自分自分で身体の隅々まで　神経が常に行き届いているだろうか
もし常にそうなら病気にならないのではとも思われる
知らないうちに　臓器がガンに侵されていたなんていうのは
その臓器との微かな情報のやりとりは　どうだったのだろうか
情報の精度や遮断または　錯覚・無視というような組織病理に通じるような　多くの共通点があるはずだ

3-2　情報の伝達

よく人間の脳は　宇宙にたとえられることがある
しかし大きく違うのは　情報の伝達の速度だ　脳細胞は　光速近く瞬時に連携しあう

宇宙空間では　光速の到達でさえ何万年とかかかることはざらにある

さて問題は　ここからだ
少し難解になるため多方面の準備勉強から入ろう

赤方偏移は　光の波長のズレ具合とか　おもに宇宙物理などでよく使われる言葉だ

物体と物体が遠ざかるときなど　片方の物体から来る光が赤い方に　ズレて見えることだ

赤方偏移は　別の理由でもおこり組織病理と関係があるためさわりだけ取り上げた　　大変難解な話になるためこのあたりで切り上げる

さてもう少し分かりやすい具体例をしめすと　音のドップラー効果だ　救急車の近づくサイレン音と遠ざかる音は高い低いと違って聞こえる　　音の音色や色彩の変化（いわゆる周波数の違い）を情報としたとき空間の伝達は　正確ではなくなる
生活観からするラジオやテレビ等の情報内容は　変化することなく正しく伝わっているではないかと思う方々も多いとおもうが　これさえ周りの環境や空間により変化しうるものである
最も明解で分かりやすいのは　電波障害などで途切れたりす

る等だが…

3-3 逆情報

逆情報とは　本来の情報としての機能が　マイナスに働いて情報がないときより更に悪化してしまうような状態をいう
現代社会で思い当たることはないだろうか
逆情報の洪水の中で　如何に正しい情報だけを汲み取れるだろうか
論理矛盾の思考を鍛えるしかなく　実は相対性理論を正しく理解することが最も有効だといえる

3-4 ひとの見えているもの

ひとのものの見え方は　かなりいい加減らしい
錯覚や死角など常にあるようだ
ひとの目の網膜は　億以上の細胞があるらしい　ところが外部から入ってきた光の情報が　視神経子束という途中の組織で脳に行くまでに　何百万画素程度に制限されるらしい
大変細かい画像は　ギザギザに見える筈が　脳で補整され滑らかに見える
そのため人間は　事物を光の粒単位で見ていると錯覚している
細分化でみた通り極度な細分化をしていっても　大抵は　物

事を極めるどころか主要な大義を見失うことが大変多い
バランスが　崩れるからであるといえる

3-5　バランスとは何か

極論をいうとバランスとは　素粒子の移動速度が速すぎても
遅すぎてもいけないということになる
社会科学の根本的原理を物理的に冷静に当てはめるとこうな
る
速度と時間は　大いに関係がある
情報の質は　この速度と時間に大きく作用されることになる
速度とは時間に対する空間をいい　時間とはその分母となる
時間進行の変化そのものをいう

3-6　情報の価値は今後どうなるか

技術の絶え間ない発展が続く　　　これの帰結としてエネル
ギーや貨幣の意味が希薄になってゆき　情報は全て無償化に
向かう
意外と早く訪れることになる

3-7　情報の同一性は　移動により保たれるか

情報の同一性は　移動により変わってくることから保てないと考えたほうが妥当だ
どういうことかというと　発信側で　変形がおこると受信側でも違う情報に変わる
赤方偏移からも明らかだ
同じ情報でも変化が起こる

これは　既に発信側と受信側で　同じ立ち位置ではないことを意味する

すなわち情報には　そのもの自体の純粋性がなく周りの環境の変化により主に取り方による等内容の変化がおこりうる

3-8　ミクロとマクロ

大変小さなことが　マクロ的に影響するのか　最近ではコロナの影響で　社会が大変なことになった
目にも見えない小さな小さなウィルスの増殖だ
微量であってもなにかの傾向が大きな影響力をもたらすことがある
例えば　地球の自転にともなうコリオリ力は　北半球共通のある一定の偏向力をもっている

まとめ

世の中の問題は　全て情報という顕在化されたもので介在されているもののその伝達過程での質の変容という可能性を示唆した

4　宇　宙

4-1　集　中

宇宙空間では　物質同士が互いに引きつけあい集中していく方向に絶えずある
社会でも全く同じことがある　　通常何らかの組織が作られると必ずや増殖傾向になってしまう　　結果として縮小することになることと別の傾向をいっている
なぜそのようになるのかは　恐らく普遍的な物理法則に関係するのではないかと考えている
また規模の利益なども関係するのだろうが　安定にも関係あるのだろう
物質には　とにかく集積するという普遍的な引力が絶えず働く

4-2 斥　力

斥力とは　反発しあう力のことだ
引力があれば　必ず反対の斥力がある
わかり易いのは　磁石などの磁力ではないだろうか
なぜ宇宙には　正・反と必ず両極があるのだろうか　これは
エネルギーと正物質・反物質が深く関係しておりもともとの
宇宙の常態に根ざしている

4-3 爆　発

集積に対する反対のものとして離散を考える
急速な離散は　爆発といえるだろう
宇宙は　集積と爆発で成り立っている
無限の単純な摂理だ
また方向性として　絶えず集積か離散かという両極に向かう
その中間に　回転円運動がある　　循環活動し生命を維持するものだ
生命体は　両極の中間の存在だ
極論をいうと素粒子が　近づくのか離れるのか　　生命体は
つかず離れずということになる
組織構造は　近づくもの　即ち集積に類する

5　大体の基礎的準備ができたが　さらに

多くのひとが　なぜ巨大な組織が長く続くうちに腐敗してゆくことが顕著に多いのか　科学的な理屈が分からずやむを得ないと考えていないだろうか
実は　これらは戦争に関係があり世界が戦争になるのは　組織病理の究極の姿になる
戦争となれば　その原因が組織病理にあるとすれば関心を持たざるを得なくなるだろう
いかに組織について　皆が正しい認識と組織は普遍的な組織病理の傾向があるという常態性を認識しなければ防ぐことができない
重要なことは　元々誰も意図しない組織病理の進行の究極の状態のうえでついには戦争になってしまうということである

6　重　力

6-1　重　力

全ての物質が有する引力である重力について　考察してみた

い　　宇宙では　物質集積の究極形としてブラックホールがある
一方で　社会でのたとえとしては　崩壊寸前の巨大組織ということになろう
重力の作用は　もっぱら物質を集積させるということであり離散的な寛容性はもたないことにある
温度や回転系は　離散に寄与する要素をもつ
生命体は　重力がないと困るが　強すぎると生命自体の維持が困難になる

6-2　擬似重力

相対性理論では　等価原理といわれる
車などで加速したり急カーブで　遠心力が働いたりするときなどの力をいう
これの意味は　重力は物質の存在以外でもエネルギーの作用により擬似作用としておこすことができるということである
即ち組織病理の集積的悪弊は　作用が要因としてその存在自体と同じように顕在化するということである
余談として少し難しくなりますが念のためいっておくとこれらの真に正しい意味は　物理的な時間に対するもので　場の状態全てではない

6-3 音のフラクタルから

音は　物質の縦の振動でありエネルギーの一種と認識されたい
言語伝達や映像を補完したり音楽など人間生活に欠かせないものである
因みに　光や音は最終的に熱エネルギー等に変化してその形としては消えてゆく

音の相似形として　不思議なことに時間あたりの周波数　すなわち縦波の大きさに拘らず　時間に関する周波数が波の大小に関係なく人間の耳には同じ音色として感知される
ここからも如何に時間の重要さが認識できるだろうか
時間と情報の関係の一例

6-4 ジャイロスコープ

意識の集中力は　ジャイロスコープと同様に一方向の力のベクトルとして働く
これも組織病理に関係深く多様性除去として働くとともに環境変動からの固定化として硬直化へ移行する要素として機能する
上からの強い連続命令系統がジャイロスコープとして働く
強いビームとして多様性の除去と集中の永続を強いることがある環境からの固定硬直化を生み出す

思考の固定化ともいわれその組織文化関係群ともなるだろう

6-5 ラベル文化

脳の負担軽減作用として　物事の膨大な量を捌くためラベル化が図られる
ラベル化とは　複雑な事象を簡略化して理解しやすいように印象的に理解することだ　　例えば平和主義を左翼とか暴力的な保守を右翼とかいいあとは　個々の内容にお構いなくラベルで片づけてしまう合理的態度だ　　そのためよく右・左で論じがちな輩には一見高度を装うように錯覚するが実は深い思慮を欠くこととして多く見受けられる
ある理論や複雑な事象など全てを常に一から理解して考え直して　全体を把握することは　とても大変なことだ
しかし　ある理論と別の理論が　関連して考えられる時には　大抵の場合既定の理論について　一から考え直さなければいけないことが多い
これをしないと全体が　おかしなことになってしまう
このまま複合化していくとおよそとんでもない常識として固定観念化してしまう
現代社会において　大きな慣性力とした情報の川の流れに晒されている

7　カタルシスの意味

時々ひとは　大きく怒ったり　また年一で祭りをして日常から遠ざかる　　余りに慣性的に平々凡々だとたまには壊したくなる
組織内部崩壊の欲求は　時に外に向かう
なぜ崩壊欲求があるのか　これは　原子レベルのミクロ宇宙が関係しそうだ
いわゆる大変小さなミクロが　マクロに関係するのだ
組織病理も一人ひとりの個体脳から発現するとともに組織重力が影響する

8　組織重力

組織重力は組織病理の最も重要なタームだ
組織重力とは緊密度とか粘着性をいう
また時間遅延は絶えずともなう
引きつける力　これは物質の基本的根源だ
斥力　これはエネルギーに関するものだ
組織は　存在と活動が全てだ

組織重力は　存在性の在り方になる
重力には源があり　一つの中心点に向かう負の方向性のある力だ

物質存在は　それだけでエネルギーをもっていることになる
アインシュタインの有名な
$E = mc^2$　という式がある

これのわかりやすい解釈は　全て単位が違うということだ
Eはエネルギーの単位
mは質量（重さ）の単位
cは光速度で　長さ（空間）÷時間
すなわちこの式は　時間・空間・活動エネルギー全ての関係を表している
しかも一つの等式内ということは　これら全て変換可能を意味している
つまり空間は　時間に　時間はエネルギーと関係ある
小学生の時に　単位の違う長さと重さ　cmとgを掛けたりして先生に注意されたことがないだろうか
しかし実はあながち間違いでもなかったのである

9　摩　擦

世の中は　全てが摩擦で出来ている
摩擦がないと車は　動かないし　電車も動けず　歩くことさえままならない
スポーツは　全滅となるし全てが空回りとなる
摩擦の強さが大事で　全ては摩擦のさじ加減一つともいえる
組織病理もさじ加減一つの積層して固まったものだ
摩擦に発熱は　つきもので摩擦は必ずエネルギーを発生させる
これも実はアインシュタインの $E = mc^2$ と関係がある
全てのものは　変換したりすることができるということで
全てのものは物質ともエネルギーとも限らないということだ

10　思考のバランス

専門家の考えることは　ときに世間常識から大きく外れる
何故かというと長い集中の時間が　遅延と多様性排除となる
思考環境を創りだしているからだ
バランスの乱れは　普通何々の量的配分の乱れを問うみたい

に思われるかも知れないが　実は根底に時間偏移からそうなる重要な要因を秘めているのである
アインシュタインのE = mc² は　空間と時間が変換できまた同じものであることを示している
空間が縮むと時間が遅くなり空間の拡がりが　速くなる時間をしめす
一言でいうと時間とは　素粒子の動きやすさの自由度ともいえる
我々が普段感じ共通で認識している時間は地球時間で宇宙の普遍性のある時間とは全く違う
しかし実は時間に普遍性自体なく空間や物質またはエネルギーの関係性だけだ

(参考:大変難解になるので理解不要だが　宇宙標準時を考えるとすると重力場のないところに精確な時計を設置すれば宇宙で一番速く進む標準時間ができるがしかし宇宙の何処にもそんなところは無いし仮に一般相対性理論の応用から重力源に自然落下する間は疑似的に一時は作れそうだが(但し全体の重力場がある)…また地球時間から逆算して精確な宇宙標準時を算出することは不可能ではないかも知れないが全ての重力場の強さや地球のローレンツ収縮度合いなど知る必要があろう)

11　理性と感情

人間には　感情を無くし理性だけで考えたり判断することが非常に困難だ
相対性理論は　純粋に自然物理からの無矛盾からきているためそもそもが　自然物理からする生命体は　見方によるが存在自体が矛盾した物体となるともいえなくもない
そのために生命体は　宇宙の無定点に由来する相対性理論がとても理解しにくい　しかしこれらの自然物理の観点から考えていかないと組織病理の問題は解けない
組織病理は　どちらかいうと社会科学というより自然科学的問題であろう
しかも長い長い時間の遷移に関する事柄なので　学習投資効果が極めて薄くなりがちだ
いわゆる短期的な学問としては　費用対効果の観点からほとんど成り立たない
しかし長期的視野からは恐ろしく重要だ
また学問的には　社会科学と自然科学の両方の難解な組織論と相対性理論の融合がないと解けない難問のため今まで誰も解き明かすことなく現代に至っている
本書では　そういう意味でも世界で初めて組織病理の常態を解き明かすに至った
理性に対する感情は　エネルギーに相当する

エネルギーは熱を帯び理性の抵抗値として作用する

12 　回転する

太陽系に地球はあり　まわりの惑星は　地球を含め全て回転している
なんと素敵だろうか〜
回転系は　命とあり全ては回転なくして成り立たない
時間の進行も回転とともに循環しながら充実度を形成する

13 　循環と繰り返し

時間の様々な遅延現象から組織病理も普遍的に繰り返される
慣性系など時間偏移は　質的な事物の歪みを引き起こす
しかし一つの慣性系内には　それの影響を自身で感知できない
組織病理の状態は　時間に関する歪みが　主な要因でもあるため何人も簡単には　太刀打ち不能になる
時間的遅延が　なぜ質的な変化をもたらすかもほとんどの人達にはわからない

時間と空間は同質でもあり相対性理論が明らかにしている
組織病理を解明するには　相対性理論の理解が不可欠になる
しかし相対性理論は　なかなかよい解説書がないばかりか専門家でさえ誤解を生んでいる
本書では　相対性理論と組織病理を平行解説するが　どちらも地球規模での難解性のため　できるだけゆっくり優しく説明するつもりだ

14　相対性理論の礎

繰り返しになるかも知れないが　なぜ相対性理論ができたのかは　19世紀頃の地球の宇宙空間における　絶対速度の測定から始まっている
地球の絶対速度を測るため宇宙の多方面から来る星々の光の速度を測り比較すれば　その差分から地球の宇宙空間における絶対速度がわかるはずだと
しかしこの予想は見事に外れなんとどの方向から来る光も寸分違わず全く同じ速度であった
地球は　自転・公転と最低限太陽の周りを移動しているため宇宙空間での静止はあり得ない
アインシュタインは　これらの矛盾を全て解決した理論をうちたてた
これが相対性理論である

相対性理論は　もともと自然物理の様態を理論化したもののため矛盾のおこりようのない理論だ
しかし未だに多くの専門家にさえ難解な数学に拘泥されるが故に正しく本質の理解がないために　完全な停滞状態である
やさしくわかりやすく説明したものが全くなく難解な数学から入らざるを得ない環境であり　更に悪いことにいくら仮に数学が理解できたとしても本質の理解とは別にあることだ
そのくらい相対性理論には　人間の錯覚や誤解の罠が満載だ
逆にいうと余りのシンプルさ故に　難解な数学に拘泥しているうちにひとつ線を違えると全く違う理解にもなりうる
これだけ不思議なことがおこる理論体系は　他にあるだろうか
シンプルさ故に　生命体が複雑に考え過ぎて理解できないこともあるという実に不思議なものだ

15　社会と自然を橋渡しする時間

組織病理は　時間というものの重要性からどうしても相対性理論の理解がないと解けない
これらの困難性が未だに古今東西から繰り返される戦争の要因だ
相対性理論の多くのひとの正しい理解は　世界の平和に繋がる第一歩だ

義務でもあり課題であるように考える
ふたつの慣性系の時間偏移は　一つの慣性系内の物理的差異と同じだ

時間偏移は様々な複合的要因から硬直化現象へと向かいがちと理解するだけで十分であろう
物質・空間・時間・エネルギーは　みな同じもので　なおかつ変換可能だ
それが　$E = mc^2$　の意味だ
細かく分解して理解する必要はない
単位の違う式が成り立っていることに最も重要な意味を注視すべきだ
自然科学の宇宙物理と生命体の織りなす社会科学は　密接だという理解がとても重要だ
社会科学に拘泥されて　自然物理を全く考えなくなると社会経済の問題も解けなくなる

16　宇宙の速度について

光速は　地球上では瞬時として考えればよいが　宇宙空間では　大変遅い速度となる
そのため地球上での光速が余りにも速く　ほぼ瞬時性から宇宙物理の相対性理論などになると　宇宙空間での有限速度の

光速でさえ混乱の渦に陥ってしまい　誰も相対性理論の理解に至らなくなる

宇宙空間では遅い光速でも地球上では　限りなく速くなるのは相対性故である

17　物事の相対性の意味

相対性とは　どれほど微小で目に見えないものでも微分係数のあらわす方向に　やがて従っていく　地球上のコリオリの力は　北半球では　上からみた水流の流れが一定の方向の渦で落ちてゆくことからもわかるだろう　無論南半球では逆になる
微分とは　常に物事の斜度をあらわす
いわゆる今後の傾向をいう
そのため微分は　社会科学でも自然科学でも一番使われる数学の一つだ
しかし必ず絶対値の間で相対性が存在する
相対性理論での専門家が曲学阿世になりがちなのは相対性から相対性を考えているからともいえる

18　絶対性

世の中で絶対という専門家の言葉ほど危険なものはない　専門家が力説の上絶対という言葉が出てきたら　馬耳東風の態度が大抵正しい
絶対値にでさえも絶えずゆらぎがあり　さらに　$E = mc^2$の通り　その絶対が別のものに変化する
世の中は　実在間の相対性から成り立っている

19　ニュートン力学と相対性理論の違い

どちらも物理学の根底となる基礎で大事なものである
およそ宇宙関係の勉強には最低限欠かせない分野である
ニュートン力学は　人間が実地に実際確認できることが主である
しかし相対性理論は　実地確認がなかなかできない
またニュートン力学に人間の錯覚は起こりにくいが　相対性理論には　錯覚の罠が至るところで待ち構えており　皮肉なことに高度に数学を扱えるひとほど錯覚に陥りやすい
それだけの違いである

20　時　計

宇宙空間に正確な時計を1kmおきに並べてみる
どんどん宇宙の彼方まで延々と並べてみる
この時に　如何に正確な時計を作り並べてもみな時間が合わない
なぜかというとみな重力場が違うからである
これは一般相対性理論として知られるひとつの現象だ
実は組織病理にはこのような現象がありこのような時間の歪みが様々な異質の問題をおこす
時間差はどれだけ僅少でも関係なしに微分的な僅かな傾きが大変重要だ
取るに足らない微差より事物の方向性が大事な所以だ
少し大上段に何をいっているのか全くわからないこととは思われるのでこの辺りで省略する

21　数学の矛盾体系

ところで少し脱線するが　論理の精緻な学問と考えられている数学体系内には　約4つくらいの根源的矛盾がある

1つ目は　一般的に数学は解答が一意に決まっていると思われがちだがそうでない　　ルート1からしてプラス1とマイナス1の両方の全く正反対の結果になりうる解が存在し　しかもどちらの解も自由でこれほどおかしなことはない
2つ目は零だ
現代数学の定義では　1×0=0　とされている
しかし私は　1×0=1　でもいいと考えている
何故ならば　1÷0=1　とし0で割れるし　0×1=1　と矛盾なく計算が継続できるからだ　　このように定義を変えることにより正しくなったかのように考えられるが
ところがどっこい　0÷1=？のときだ　　答えを0でも1としてもこのルールで全く辻褄が合わなくなってしまう　　結局現代数学の定義に戻り　ただし0で割れないという不可思議なことになってしまう
3つ目は負の積算などだ
-1×-1=1　とされている
これは (2-3)×(2-3)=
で展開すると　4-6-6+9=1　となり一見明らかにみえるがそうではない
(2-3)×(2-3)の平方根をとると (2-3)でもよく　そうすると答えの1の平方根は　マイナス1にならないとおかしなことになる　プラス1も正しいはずだ
4つ目は計算順序だ
6÷3×2=？の答えは　4　と　1　という二通りある
計算順序を変えるだけで答えが変わってくる
以上常識的に強固な論理学問と考えられている数学にも思わ

ぬ落とし穴があることがわかるだろう
実はこれは大事なことで義務教育で数学を学ぶ上でまず初めに知らなければならないことではある
何故それから始めないかは全く理解できないことだ
本書では相対性理論を基に応用からの理論のために数学でさえ矛盾があるものの　相対性理論は宇宙の自然物理そのもののため人間の概念が一切入らなく矛盾のおこりようのないことを明らかにしたかった
逆にいえば矛盾の多い人間から矛盾のない相対性理論を考えようとすると　どうしても相対性理論が間違っているようにみえてしまう

22　ひとの視覚には既に錯覚が含まれる

ひとが見た網膜で何億という信号画素が脳に送られる
しかしその途中の視神経子束の伝達経路で　数百万画素に制限されしまい結局脳に届くのはその数だ
細かい縞模様を見た時に何かチラつくのはそのせいだろう
また死角や見え方の脳補整など近年沢山の誤視が確認されてきている
これらも数学同様常に考慮してなければ正しい知見を得られない

23 脳の補整

脳の補整は自然事実を大きく変える 大変な人間の機能の一つだ
1980年代くらいには 音響機器のアンプの性能があまり良くなかったこともありオーディオブームで盛んであった
しかしその頃を境目として格段にアンプの性能の進化がみられた ちょうどその頃CDというディスクも登場した
過度期である産業は興隆を極める
しかしそこにはひとの錯覚をかなり利用した商売が成り立った
ひとは視覚で先入観を強くもつ動物だ
一度持った偏見は なかなか直せない
いつも脳の補整は瞬時にしかも脳自身にさえ悟られないよう行われている

24 子供はよくはしゃぎ大人はなぜそうでないか

一般的に子供はよくはしゃぎわけのわからない叫び声や動きが多く 対して大人になるほど無駄な動きが少なくなる

組織生成期にもよく似たようなことがあり一種の生命体誕生ともとれる

徐々に柔軟性を犠牲にして精確性を重視するよう統制されてゆく　また危険回避は大人のほうが優れており安定志向に傾いていく

この時の主観的時間はかなり違うはずだ

子供の時間はかなり長いときがある　　　この時間感覚は世界観としてもかなり違ってくる

わかりやすくすれば　ある短い時間において大人は一瞬で過ぎてしまい子供にとって長い時間とする

時間の価値観の違いが生まれ　継続の時間の重みに差がでることにより時間の生々しさを感じることが億劫になることが多くなってくる　　すなわち今現在を大事にするより過去未来の価値が大きくなってゆく

これは組織病理の特性でもある

25　時間偏位の歪み

時間偏位の状態とは　物事のあるがままの素直な見方に歪みが生じることをさす

あることが針小棒大になったり全体の論理の整合性に気づきにくくなったりして主観的歪みが生じることである

なかなか言葉や示唆の表示の難しいのが時間偏移ということ

だ

26　時間の進み方

相対性理論では　地球と月では時間の進み方が違う
誰しも一度は　時間だけは絶対的に一秒一秒と確実に時を刻むと思ったことはないだろうか
しかし地球より月のほうがほんの僅かではあるが時間が早く進む
地球でどんなに精確な原子時計を作ってもそれを月に持って行くだけでそうなってしまう　　すなわち時間とは場所毎で進み方が違い　絶対的なものでなく相対的なものということを明らかにしたものだ

27　やさしい相対性理論

ここで一度できるだけ誰でもわかるよう相対性理論の説明を試みたい
相対性理論は　光速がいつ何処で測っても真空であれば　全く一定の同じ速度であることからできた理論ですべからく自

然物理の事象を説明するものだ

真空ということの意味は 光が水中などで屈折するのは 光の速度が落ちるからであり当然空気中でも僅かに速度は落ちることになる

地球が宇宙空間をかなりの速度で移動していることは皆さんご存知だろう 宇宙に定点がないため信じないひとは最低限自転や公転など音速以上で回転していることを承知されたい

地球で観測される全方位から来る星の光は 真空中で299792458m/sと寸分違わない しかし地球は高速で移動しているためこれでは 矛盾することになる
しかしアインシュタインがこの矛盾を完全に解消するように空間や時間を変化させて光速一定（§厳密には計測機器含めた計測上のことで光の絶対速度でない）の事実のみから展開したのが相対性理論である また自然宇宙物理ありのままの姿が人間の常識とは違っていたのである

以上簡単な前振りで終わりますが 巷での相対性理論の誤解や錯覚の多い項目を解説しておきたい

1　双方が遅れて見える

　高速で遠ざかる片方が遅れると相手は速く見える（即ち双方が同時に遅れることはなく必ず一方が遅れると相対的に相手は速くなる）　ただし光速近く離れる双方の見え方と

しては光も有限速度のためそのように見えることもあるが相対性理論のいう意味とは違う

2 空間が歪む

アインシュタインはミンコフスキー空間（空間自体は歪まない）しか想定してなく一般相対性理論などでの重力で光が曲がるのは空間の歪みという説明は　一つの数学的方便に過ぎない
3次元で空間自体が歪むことは必ず余剰空間がいるためアインシュタインはあるかどうかわかりもしないSFの余剰空間を自分の理論に組み込むことは絶対しない

すなわち光は重力場では　光自体が湾曲してるだけで空間が湾曲してるわけでありません（ただしその空間内の物体も湾曲している）強弱に関係なく重力場では周りの物体や計測主体も光も同率で影響を受けることになります（これが真空中の光速一定の定義で重力場の強弱に左右されないという意味がある　すなわち地球上の高山で時間が低地よりほんとに微々に速く進むも光速は真空で299792458m/sと全く変わらない　これは高山で重力が弱まり時間の速くなる分同率で光自体も速くなるからである・難解な数式で理解している多くの専門家は光速は常に一定で直進とし空間を歪ませて辻褄を合わせている節がある　これはあくまで数学的な便法であり現実の宇宙空間ではない）
光は大変速く移動するため重力の与える影響は微量の変化ですが物質と必ず同率である

（この『同率』が 重力波検出不可能性を意味する なので重力が同率で物質や光などに影響を与えるため真空中であれば 地球上であれ月であれ木星であれ重力場の違うところで光速を計測しても299792458m/sという同じ速度となる）

3次元空間であるこの現実世界での空間の歪みとかの正確な表現は 物体などが歪んだりすることで すなわち全体的に小さくなったり変形したりする物体であり空間そのものではない

3 光に質量がない

これはそもそもアインシュタインが1905年の論文の 俗に特殊相対性理論で 光に質量無しとしたことから始まる現代に至るまでの様々な惨禍であり未だに多くの渦を生じさせている問題だ アインシュタインは一般相対性理論でこの質量問題から巧みに避けて説明しているようであるこれは仮にアインシュタインの式から光の質量が（8.9京分の1）× Eとしよう

この分数の値は分母が8.9のあとまだ0が15くらい続くとても小さな小さな数字で ほぼ0であろう なのでアインシュタインが特殊相対性理論で光の質量が0といったことはなんら間違いではないし また特殊相対性理論では光の質量の有無は関係なく成り立つのである しかし一般相対性理論ではそうはいかなくなり 光の質量が0では成り立たない

そのため光の質量0として説明しようとすると空間の歪み

だとかあらゆる意味でとても複雑で歪んだ説明にならざるを得ない
これが現代でも相対性理論を大変難解なものにしている元凶の一つでないだろうか（また一般相対性理論に比べ特殊相対性理論は遥かに錯覚などおこりやすく理解が難だ　例えば２つの物体同士が離れる最大の相対速度は光速未満ではなく光速の２倍未満となる）　　当時相対性理論発表時においてほとんど全世界中の人々に理解されるはずもなく奇妙で怪しい理論という時代に　アインシュタインは相当の葛藤があったに違いないというのが私の考察である
すでに100年以上も前の初出（俗に特殊相対性理論）の発表当時は　ただでさえ怪しく難解な相対性理論に少しでも後から訂正などあれば　誰も信じなくなり一笑にふされてしまう危険　そのこともありアインシュタインは相当苦難の末　特殊相対性理論と一字一句矛盾なく後に一般相対性理論を完成させたのでないかと私は推測する
現に一般相対性理論から数年後に天才パウリが著書『相対性理論』でエネルギー全てに（すなわち光も含む）質量があることを説明している　　この頃アインシュタインはパウリの著書を絶賛していたのである
どういうことかというとパウリのように皆が相対性理論を正しく理解してもらえれば　光の質量０に拘らなくてもよいのである
光の質量零にこだわることじたい理論矛盾して現代の物理世界の『裸の王様』としか言いようがない
また仮にいくら難解な数式の理解があれど　明らかに相対

性理論の本質がわかっていないことの証左にさえなる
これは専門家や権威又はアインシュタインの説明方法と全く関係ないことだ
これが私の人生の長く深い推論の考察の結論である
このあたりでやめておく　　よくある"双子のパラドックス"などの話は（宇宙船の高速移動する側の地球帰還で時間遅れの基本線は正しいが）ほぼ正しい説明本はなくここで解説してもよいが正しく厳密に説明しようとすると本一冊近くなるため割愛する

28　なぜ相対性理論と組織病理が関係あるのか

どちらも時間に深い関係がある
すなわち時間偏移は　相対的な事物の双方の見方を歪める
（誤解ないようにするが相対性理論でいうローレンツ収縮時のその時空間内の偏位は計測不能）
組織病理はこれに気づかない限り解決の方途もない
速度は　長さを時間で割ったものですが相対性理論では長さが縮んでも時間も遅くなれば速度は変わらず
また逆に長さが伸びても時間進行が速くなればやはり速度は変わらずというようにその系の中に居てはわからないという特徴がある

29　組織病理における時間進行とは

地球より月に行けば時間進行がほんの僅かであるが速まり逆に地球より大きな星に行けば時間進行は遅くなる　中でもブラックホールのような星にいけば　時間はほとんど停止状態のようになる
組織病理にある組織内の時間は遅くなっている
浦島太郎の竜宮城は有名なおとぎ話ですが　おもしろいことに時間の本質が語られている
ひとは楽しい時間は速く過ぎるということである
時間の停滞は苦しいことが多いように感じる
最終的には生命体の生きること自体の幸福感であろう
組織病理の時間遅れはあまり良好でないことは　この寓話からも感じとれるのではないだろうか

30　パウリの『相対性理論』がはっきりさせたこと

パウリは　著書でエネルギー全てに質量のあることを述べている　　また存命中だったアインシュタインは　これに反論どころか絶賛している

理論宇宙物理学界にもいろいろ事情があり真理一辺倒とはいかないようだ
即ち光にも質量があるということだ

31　権威主義とは

岡本浩一の著書に『権威主義の正体』がある　なかなかの好著でここでは形式主義や属人思考のことや認知的複雑性などを述べており組織病理にも深い関係のあるものが多い　　血肉になるようなものだ
本書では　脊髄骨格から本質全てを解説しようと試みている

32　ひと・もの・情報

世の中は全て　人と物質と情報で成り立っている
あれおかしいなというとエネルギーが抜けていた
あとは時間だ
動植物はというとこの場合はひと以外のものに含める
エネルギーはどちらかというと時間に含まれると考えてもよい　何故ならば物質はエネルギーがないと動かないからだ

動きがなくなると時間も止まってしまう
なので時間経過があるということは　エネルギーが作用していることに他ならない　　まあ慣性移動は省くとしてのはなしだが…
時間が遅延することはエネルギーが小さくなることを意味するし空間も狭まることを意味し　活動が鈍くなることだと考えてよい
世の中の微量な差は重要でなく微分したときの角度即ち方向姿勢が一番大きな意味をもつ
組織病理の時間遅延はそういう意味をも示している

33　時間の混乱

時間の混乱の渦に入ってゆくと論理の精度が失われてゆく
論理の正しさがわからなくなっていき思考のベクトルの方向に歪みが生じることにより一つの体系のバランスが崩れる
小さな体系を集合させるのだが全体とした体系が歪んだまま結びつき違和感に気づかなくなってしまう

34　固体振動

全ての物体は必ず振動している
これがいわゆる温度であるが　全ての物質はエネルギーの余波として残していることを意味している
宇宙は　慣性法則とエネルギーと物質の重力で成り立っている

35　魔法とは

宇宙のわからない様々な問題に対してすぐに空間が歪んでいるとかダークマターとかダークエネルギーとか簡単に一つの変数に抽象化して片付けてしまうこと
右翼左翼もそうだし兎に角一括りにして自分の頭の整理を楽にするやり方だ
また人々を欺くような　アインシュタインがこう予言していただとか　ある一文だけ引用したりして巧妙に読み手を信用させる等の類が今では理論宇宙物理の本などで非常に沢山みられる
この理由の一つが真実が分かりづらいとか検証に時間を多大

に要するとかのことだ
現在においては覚えなければならない知識の量が半端なくゆっくり深く考える時間が多くのひとに全くない
また知識が思考の邪魔をすることは非常に多く特に専門知識になればなるほど固定化されてしまうので頭のなかで一度それを解体して零から立て直すことは多大な労力が掛かりみな敬遠しがちだ　勢い慣性法則から次々と別の新しい知識搾取に走るだけでなにも明らかにならない
混乱した知識の渦にますます悪循環が続く

36　集積と分散

宇宙をエネルギーの観点からみると　集積と分散と角運動で成り立っている
ときに回転系は生命に深い関係があり人間性とピラミッド型の官僚制組織（マシーンシステム）は相容れ難いところが多々ある
また集積や離散はそれぞれ強い慣性法則をもつため一旦集積しだすと止められないような普遍性があり離散も同様だ
組織病理は集積になる普遍性のある物理的な現象のためこれを止めるためには　並大抵でない努力が必要となりまた常なる認識がいることになる

37　時間の奴隷

時間の奴隷とは慣性法則そのものだ

38　火勢と重力の違い

火勢の勢いと泰然変わらない重力は　物質とエネルギーの違いを際立たせる
重力は　物質由来の何かだが　火はエネルギー由来の化学反応だ
組織病理の持つ意味は重力にあり火は多様性の意味を持つ

39　回転系

回転系には　現状を維持するものと回転速度を速めたりして目的に集中していく多様性除去と時間遅延の状態になるものが主にあり人間の思考回路も全く同じように働く

再三時間遅延には組織病理に関係があることを述べてきたが相対性理論では時空の歪みとして捉えられている
また物質等の超密集なブラックホールは最も時空を歪めることが知られている

40　世の中のかたち　円　三角　四角

宇宙には丸いものが大半だ
重力を中心にしているからだ　一方で大半の組織は三角形の命令系統で形作られている　　また宇宙のマトリクスの様なスクエアーな空間にはアインシュタインのいう光行差から移動相対差による歪みが三角形に集約されているかのようだ
(非常に難解なことをいっているため無視されたし)
すなわち斜角をもつものはすでに歪みが生じているともいえる

41　専門性のバランス欠如

専門性をコマの高速回転に置き換える
このとき時空の歪みが必ずおこる

42　ピラミッド構造の謎

統治という現実がある
しかし外の環境では逆風が吹く　　　目的達成には尖塔形にならざるを得ない
しかしピラミッド自体は　常に軋む如く硬くなりがちでしかも常に独自な偏差を生むような形ではある
外の自然な環境や外部にはたとえ偏差があったとしても多く集まり接触するものの角はどちらかというとスクエアなマトリクス編み目に近くなる
集中の源泉が強すぎると内部崩壊に傾いていくし弱すぎると統一性が保たれなくなる
資源効率化からピラミッド型が採用されるのだがそこでの人間は　それ自体に苦しめられ　元々幸福追求のための資源効率が構造組織に害される

ピラミッド型は自然界において極めて人間的な作為物に感じられる
しかし多くの自然の山々は三角形のようになる　　　重力との関係からではあるが山が目的を持っているわけではない

43　矛盾とは

矛盾の有無は　科学でも社会においても　物事の正しいかどうかの一番の判断材料になる　　相対性理論は徹底的な矛盾皆無性から成り立っている　　他にはこのような体系はなかなか見当たらない　　数学においても根源的矛盾を回避することはできない
なぜなら数学は人間的概念が入るも相対性理論は自然物理そのものを説明しているからだ

44　差分とは

世の中は全て差で成り立つ
受験　昇進考査　パートナー選び　etc.　　好き嫌い
なんらかの差から行動分岐点が生まれる
さらに時間差分がありこれは人間には　理性などでは全く気づくことがなく組織病理の大きな要因の一つだ

総　括

思考停滞時間の概念が必要だ
組織病理では　思考停滞が著しい
今現在この計測評価は　存在しない
本人自体も第三者による客観的評価にも表れないからだ
また素粒子内部連携の時間計測こそ困難なことはない
たとえば分かりやすくIQテストを例に説明してみよう
IQ知能の高いひとは　周りの動きが　低いひとよりゆっくり見えているはずだ
逆に低いひとは　周りの動きがそれより速く見えているはずだ
しかし誰もこんなことはわからないし客観的評価自体これこそIQの結果にあらわれているとしかいいようがない（なお組織病理禍で全体のIQが下がるとかいう意味でなくあくまで一つのたとえとして）

組織病理では　この思考停滞時間にかなり差があり健全で快活なひとに比べると相当遅くなっている
勿論伝統的な知識や既存の知識には　あまり思考時間に関係しないため傍からは非常に分かりにくいことになる
組織内にジョークなど減ってしまうのは　極端に端折るとそもそもそのジョークのスピードについていけないということ

もあり 柔軟性から硬直化に向かっている（すなわち指向性向が硬直化に向かっているためジョークが煩わしくさえ思える）
即ち時間遅延状態といえる
　（ジョーク一つにも互いの機智と思考の回転速度がないと成り立たないため実は重要なリトマス試験紙としての役割があるのだが）
その結果相対的な対外的世の中の時間の速さから様々な見落としエラーが頻出したり時間遅延帯からする物事の見方とその逆では微分的にも違ってくること等（赤方偏移参照）から長い時間の累積などにより大きく総合的にバランス劣化してゆくのである

なぜ世界のスポーツなど　大抵速度に関係して　速さが貴ばれるのかは　実はこのようなことも無関係ではないのであろう

以上人間の思考意識と相対性理論の応用からあてはまるフラクタルからの派生事象としてのメカニズムを明らかにしてみた

（§§　参考　更に難解な相対性理論）
例えば高速の宇宙船に乗って　加速していようが等速だろうが構わないが　前方から来る光も後方から来る光も横から来

る光も真空状態であるならば　全て299792458m/sと計測される　　これらのことを矛盾なく全て説明できるとき相対性理論の理解となる
なお横から来る光についてはアインシュタインの1905年の俗に特殊相対性理論の光行差にヒントが隠されている　　いわゆる側面に両窓がある宇宙船内の真横に走る光の軌跡の説明と角度のある外からの宇宙船の光の抜け方
難しい数学は必要なく図形でも十分説明できるはずである
(等速飛行時に宇宙船内には前後に時間偏移がグラジュアリーとしてあらわれる・また加速時にはそこに偏差が発生)
但し厳密に検証するときに数学は役に立つだろう

相対性理論は　真空状態の光速の計測一定という事実が全てあとは矛盾なく光の速度・物質の速度と形の変形(すなわち時間偏移)してあてはめるだけ(($α$ $β$* 注意すべき最も重要な点は光の絶対速度が一定などではなく　あくまで計測上が常に一定になるということ))
中学程度のピタゴラスの定理くらいわかるとよりよいが難解な数学は一切不要

Chapter 2 (態様)

1 定　義

組織病理に関する基本的要素をだいたい述べたので　少し本題に入っていきたい
まずは　組織病理の定義を明らかにしておきたい

わかりやすく新たにある5人ほどのチームを作ったと仮定して話を説明していこう
目的は　リフォーム事業をすることにしよう
社長を中心に　経理担当　営業担当　あと現場作業者二人とする
小さな規模なので　経理以外は　皆が補完し合って仕事をこなす
また社長の常時統制範囲内の少人数のため内部タイムラグもほとんどない

何十年か後に　従業員一万人という巨大企業になった

さあ大変　中間省いたためあっと言う間だったが　なんせラインは　初め社長と現場のツーラインが　今や会長〜社長〜副社長総括〜部長〜課長〜係長〜主任〜平社員と8階層に
更にスタッフは　安全会議や内部統制さらに環境対策部とか5くらいに大きくなった

すでに組織病理度が強く冒されてきた
どういうことかというと　仕事のミスが　少なからず多くなってきたのである

簡単にいうと組織病理とは　組織本来の機能がまあ半分以下に落ちることをいう
結論をいうとそうなるが　具体的な列挙は　まず組織内のジョークが　極端に減る
なにかにつけて　保守管理的安全志向になっていく　また新しい突飛で斬新なアイディアは　徐々に片隅に追いやられることになり安全で確実な成功を求めるようなことが尊重されるような風土に変わっていく
またミスに対する厳罰化が進む
小さい時のような　斬新なアイディアの利益より大組織の規模の利益のあるルーチン慣性事業のほうが　確実で利得があるからである
そうこうする内に　組織内の能力は　どんどん退化していくこれが規模の大きさとともに能力の低下が比例するように進んでいく
トドのつまり　ボラではないが　図体だけでかい役立たずの存続希求だけの不要存在物となってしまう

いかがだろうか　周りを見渡して思い当たる節はないだろうか

別の言いかたをすると 組織病理とは 底辺から不満の最大限に蓄積してゆく過程をいいトップがそれに全く気付かないモデルをいう

わかりやすくいって 重要なポイントは 厳罰化とシンナリするような重い空気感である

2 組織のデザイン

経営組織論に状況適合理論というものがある これは 周囲の環境に応じて 組織の形が様々に変化するということであり 普通ある目的の基になる組織において ピラミッド型が非常に多い
いわゆる官僚制組織とかマシーンシステムともいわれる
いわゆる絶対唯一無二の組織が最善ではなく 環境に応じて組織も変化すべきことをいう
理想的とされるマトリクス型(縦横2系統の組織形態)をいわれることもあるが 命令系統などで情報速度などの難関があったが現代の高度な技術では実現可能かも知れない

3 ピラミッド型で発生する組織病理

現存するほとんどの巨大組織はピラミッド型だ
組織存続の一定の目的があり上からの命令系統が一意に決まるという強い統制力を持つことが多く
統制力が過剰に強い時に内部崩壊の可能性がつよい
これも組織病理の最終形だ
強さと柔軟性は　常にバランスがもとめられる所以だ

命令系統は　一つのベクトルだ　　ベクトルとは　一つの方向と力の強さをいう
このベクトルの慣性系が　良くない循環過程で発生して止まないことが組織病理の状態ともいえる

4 時間の差

通常大組織のトップと底辺では　時間の進みかたが違うことが多い
時間とは　大変重要なことで時間進行の相対的差は　価値判断基準が変わってくるという点にある

全体としては一様に同じ時間の流れではないかという客観的観点があるが　実際は全く違う　　思考の集中と速い状態の場合に周りが遅く感じられる時があると思う
また逆に一日のんびりしてたらあっという間にその日が終わってしまったということがあったかと思う
これは　あたかも主観的な時間変化の流れに思われるが　実質的には物理的時間の違いと考えた方が合理性がある（厳密には物理的時間差は微分傾向のほんの僅かしかないが主観的時間差は大きな差として現出してくる）
価値観が変わるということは　自分から見る外の対象の時間の速さの違いということにもなる
分かりやすい例として　交通信号待ちを考えよう
もし非常に長い赤信号の場合　経済非効率と精神的なストレスがたまる
逆に赤信号が短い場合スムーズで快適だが　あまり短いと危険へのリスクが高まる

この一つの例のように　時間の双方の進み方の客観的・主観的誤差が　なんらかの行動に影響がでるということだけ示して一旦終わる

5　組織の目的

通常はじめある目的のもとに組織化される　家族なら養育や生計基盤または心の拠り所としたり　会社なら生産・サービス・流通等を通じ利益活動とか　様々な組織形態や目的がある
目的達成のために手段がありその目的達成の為の手段が実に有機的な要素となり問題群を形成してゆく
ひとは同じ姿勢を長時間続けるだけでも必ず不調が起こる
およそこの世に固定とか不動とかいうものは存在しない
物事は　必ず変動変化し続けている
これを自然に固定化されてしまう時間の慣性力が組織病理に繋がる
固定化とはひとの固定概念をいう（ここでいう固定概念とは多くの人達の共通した認識が自然な社会環境等とズレている状態）

6　基本に戻る

いかなる難題や細密化した問題にも　絶えず基本にゆり戻る

ことは　重要で絶えずその繰り返しを忘れないことである
　専門化にかまけて袋小路に入り込んだまま時を過ごすことにより元の基本位置に戻り同じ視点を保とうとしても徐々にズレが生じる
視点角度が変わることは　時間偏移とも連動することに深い関係がある

7　ズレとは

目的に対する内容の変化をともなう
なぜかというと全ての物事は　立体構造を成している　　視点が変わることで　今まで見えてなかった側面とか裏側を見たりする
目的に対する手段も状況とともに変化するだろう
状況変化には　何らかの調整が必要になるが　元の視点とズレた視点からでは手段に対する方法も変わってくる
組織病理では　ズレた視点の浮動相対性から当初の幹点が保てなくなる

8　黒か白か

ひとには普通はっきりさせたいという強迫観念があることが多い　　グレーではいけないとか　2位ではいけないとか
組織目的に反するものは　厳しく取り締まるべきとか　集中に対する反射的な削除反応ともいえるが　複雑性を嫌い脳疲労をできるだけ軽減して自己充足を図ろうとする傾向が組織にはある

9　ブラックの意味

よくあの会社は　ブラックとかいう表現が使われる
なぜブラックなのだろうか
白黒の黒か　または闇ということで黒か
私は　宇宙のブラックホールと認識してしまう
宇宙では　人間的にみると大変な強欲で　近傍にある星や光なんでも強力な重力により吸引して飲み込んでしまう　　しかも限りなく増大して留まるところを知らない
ブラックホール内では　時間がほとんど停止状態にある
またいつか爆発するはずである　　　なぜそういえるかは　宇

宙が将来一点のブラックホールに収斂したときに　そのまま時間停止すれば　宇宙の始まりも終わりなく終焉してしまい　そもそも今がないことになるからで　今があるということは　全宇宙の一点のブラックホールで　完全時間停止してないことを意味する
組織病理とは　ブラックホール化をいう
時間遅れ　限りない存続意欲　集積という一意の目的
これら全て共通項は　非常に多い
宇宙の常態と社会現象には　驚くべき共通的要素が多い
なぜそれに学んだり応用しようとしないのかは不思議なことではある
学問の専門性により横の繋がりが切れて　別の体系のものと錯覚がおこってしまうのだろう　勿論複数稼働の困難性からの合理化遮断もある

10　命令のベクトル

ほとんどの大組織は　トップから下へ矢の如くオーダーがされ底辺にまで及ぶ
時に　制御不良になるときは　懲罰や交換などで対処してゆく
また下からのオーダーが上に通るような組織は　フィードバック機能がありより優れた組織形態であるといえる　こ

のようなラインのほか　処々ラインの緩衝的な横の連携を図ったり　また有機的な質向上のためのスタッフが設けられる
組織病理においては　スタッフの機能が無効化されもっぱら上からのオーダーのみとなったり　異常な懲罰が比重を占めるようになり組織全体の効率が妨げられ崩壊に繋がってゆく

11　共振傾向

良い意味で組織内文化ともいうが　共通の価値観が培われ悪しき方向に向かうことがある
諸刃の剣であるが　共振を起こし始めるとなかなか止めることが困難になる
良い状態の拓けたオープンには　減衰していくが　悪しきクローズドループになると共振が強まり残響のように長く続くことになる

12　横の線

大組織のラインから並列のような横の繋がりは　並行線のよ

うにあまり交差することがない
あくまで縦のラインを通じたベクトルの一方向に慣性づけられるため横は　有機的に組織に作用するわけでもなく並行のままとなる

13　拡がる回転と中心に収斂する回転

宇宙の太陽系は　エネルギーの放出などの関係から太陽を回る地球など　緩やかな膨らむ軌道になる傾向が知られているこれが逆に　中心に向かう軌道になると高速になり遂には中心に落ち込んでしまい終焉を迎える
安定志向に入るような大きな組織は真面目でもあり集中のより長い連続というループでは中心にエネルギーが注ぎ込まれる如く質量に変わっていき徐々に重くなっていき　つまり組織病理はこのような傾向があり思考の長い集中持続と適度な発熱の放出のない多様性の除去空間領域を形成してゆく

14　重　役

代表を含め重役というものを考える

重役の重とは　重力からきているともいえる
いわゆる動きにくいものの象徴である
重役の重要な機能は　先ず動きにくいこと　とかくに人間は変化しやすく流動的だ　　変化しにくく流動的にならないようにすることは容易でない
視点が定まり冷静緻密な判断ができることが　資質の糧となる
組織内では　絶えず柔軟性の剥奪が波のように押し寄せてくる
徐々に重層的に時間遅れとともに　気が付かない内に海底に沈んでいるようなものだ
海底からの浮上はまず不可能だ
なぜ沈みゆく傾向になるかは　途中の中庸保持は大変難しいからだ

15　合理化の意味

合理化とは　物事の共通項を一纏めにして　一言で何もかも片付けて議論したり考えていくことだ
物事の複雑性や膨大な積層情報からは　人間は常に避退する傾向にある
物事を出来るだけ単純化して精神衛生上の健康を保ちたいためある意味健全な指向性ともいえる

しかし全体社会は　それでは解けないという矛盾にある

16　色と音色について

色彩とか音色は　生命体独自の感覚で　光の横波である波長の違いが　色として認識されたり　縦波の音波に音色を感じることができるどちらも生命体の素晴らしい機能だ　これは自然物理と生命体に様々な誤差や不正確さを生み出している　波の性質は全ての物体やエネルギーに関して付随する二次的な物理的性質で　硬直性を和らげたり循環エネルギーそのものの生命活動にも全ての事象に波は関係あり宇宙は波で出来ているともいえる
波動は　組織崩壊時に連鎖的力としても働く

17　慣性に頼る問題

日常生活でもひとは　ほとんど慣性の法則に従っている
ジャイロスコープでも述べたように慣性の軌道修正には　大きなエネルギーを要する
ひとの脳自体が常に省エネ指向のため慣性法則に沿うのは理

に適っている
思考パターンも同様に未知の新しい発想には　多大なエネルギーを要するため徐々に省エネ型になってゆく
これらは　組織病理の基盤を形成するともいえる一つのメルクマールとなる
また慣性法則は　宇宙動態の基本形をなす

18　人を部品としてみるとき

組織では　大きくなればなるほど個々の役割が専門化してあたかも大きなひとつの機械の部品的役割を求められることになる
この場合最も大事なことは部品の標準化だ（標準化は個人の特別な能力を否定するようなスケールをとり　方向性のある数の力がベクトルの違う一人一人の人間の力の総和を大抵大きく上回ることが多い）
個人の特出した能力は　全体組織のバランスから扱いが大変難しくなり　寧ろ協調的なマニュアル化が重要になる（大きな組織で各個人の特性を最大限に活かし適材適所に配置して組織効率を最大限達成することは不可能ではなく理想ではあるが　その組織化の膨大な時間や人間の流動性や環境変動等からとても割に合わないことが現実だ）
いわゆる予想期待性が大事になり総合的な効率性が求められ

る
さて部品化が　時間とともに進んでゆきトップに慣性法則由来の時間遅延などの異界（大きな組織ほど時間遅延がおきてゆく）が重症化した場合その組織自体どうなるのだろう
部品は　その時点の部品のみの最大効率を果たすのみで　組織全体の個々の潜在能力を大きく埋没させているため徐々に無能力化が進んでゆく
この結果驚くべきことに退行という現象が進行していく

19　退　行

退行とは　よく心理学で使われる現実逃避的な幼稚化してゆく現象をさす
なぜ組織内でこのようなことが起こりやすいのかは　従順化が鍵になる
命令のベクトルは　必ず一方向で逆行を許さない
必ず同じ方向の川の流れのように延々と続くことになっていくと　多様性や新たな異質な発想とは無縁になってゆきやがて死滅してゆく多様性機能が多くなってゆくことから退行ということがおこりうる

20　罰則の強さ

組織病理では　過剰なくらい罰則が強化されてゆく
なぜかというと命令者は　命令への従属が　第一命題化してゆき組織本来の目的より小さな命令の遂行が針小棒大化してゆくためだ
勿論大きな組織の命令系統の遂行はとても重要だ
しかし誤った命令もときにある
それが反芻されることもなく（いわゆるアクティブフィードバックが強く働く状態）盲目的になっていきあくまでも組織の基機能だけにこだわりだすのは　組織病理の大きな特徴だ

21　厳罰化の進む社会

大抵社会では厳罰化に進むことが多い　これは一つの統治社会が組織病理に冒されていくことと同じだ
その社会では重力密度も高くなり時間遅延とともに全体環境から遅れていくことに他ならない

22 過剰反応

組織病理には　過剰反応が至るところでおこる
過剰反応は大変なエネルギーの損失である
無駄の集大成が過剰反応だ
ある意味忠誠と集中が過剰反応を引きおこす

水は　生命として人体には必須のものだが　大量に摂り過ぎると逆に命とりとなる　何事も過ぎたるは及ばざるが如しの喩えのとおり
法律などの規則類は　できる限り少ないにこしたことはない
多くのひとたちは　多様性の中のほんとに偶発的稀な事件によってもすぐに法律などの規制をしたがる
起きた事件の重大性と頻度とは本来別に考えなければならない
解決法を安易に法（経済非効率の縛り）にもとめるのでなくそのこと自体を義務教育などで早くから　もう少し深く考えるようすべき問題だと考えられる
過剰反応の組織病理の意味は　安全性や膠着性に類し自由度を奪う硬直化に直結して時間の垢ともいえる
垂直性の時間偏移からおこる水平的な物事の大局的な長いうねりの非効率性になってゆく
垂直性の時間偏移は　気づきにくい非効率を不可逆的に累積

して膠着してゆく

過剰反応は論理の混乱にまで関係し慣性法則もはたらき様々なものが見えづらくなっていく（無駄な自己安心感や時間重複などが慣性的に働きだす）

23　組織はなぜ威光的になっていくのか

組織の規模が大きくなるにつれて組織の存在そのものの質量感覚が組織全体に自己保全機能として強く働いてくる　　物質の集積に伴う重力や生命体の自己保全と同じように機能する普遍的な物理現象でないかと考えられる
そのため組織の制御にそぐわない小さな事柄でも自己保全を損なう可能性に敏感に反応するような傾向になっていく過剰反応がおきてゆく　　これもアクティブフィードバックの一つだ

24　過剰領域

人でいうと脂肪分だろうか

組織では過剰な安全性確保による無駄の蓄積だ
無駄が全く役に立たないかというとそうでもないのだが　一般的に過剰の蓄積は恐ろしいことで　燃焼しないと固まりになっていく　　人間のからだでいう脂肪の培養のようなものだ

25　視点のベクトル

混沌とした状況下において
多くの組織内視点が　みな同じ方向に向き始め　視点の多様性が徐々に狭められていき物事の結論が　単調化されてゆく
共振とか同調圧力とかの不可抗力のような目に見えない流れに大きく影響を受けることになる
組織内部の目には　その差異が全くわからない

26　循環の様態

循環の気持ち良い健全な流れを絶えず続けることは　大変難しい
過不足を常に問われることをバランスともいう

時間の偏移は　バランスの崩れに繋がってゆく
慎重さや安全性は　細分化に連なり時間遅延に繋がる
循環のスムーズさには　摩擦熱が少ないことがあげられる
発熱の多寡は　能率とか効率に悪影響を及ぼす
経済学者マーシャルの言葉に　クールヘッド　アンド　ウォームハートがあるが　正に重要な意味がありロゴスと内面的なフィードバックを意味しているため視点が一方向にならないことを意味する
宇宙や社会経済はある一定の循環活動がある
宇宙の健全性？とは　人間見地からするブラックホール等を中心とする衛星回転運行をいい　これとて宇宙の一過程でしかないが　組織病理では物質集積の法則から時空間が狭められていく

27　完全主義

これは　最も重大な組織病理の悪癖となる
組織の規模拡大とともに　小さな順守違反が許せなくなってきて異様な懲罰拡大傾向となる
宇宙のブラックホールが周辺の物質やエネルギーを限りなく吸収して強度が比例して増してゆくことと同じだ
これも慣性法則の一種といえばそうだ
組織病理には　上下の一方向のベクトルが多くなり双方向の

ベクトルが極端に少なくなる
結果的に宇宙でいえば円環循環系が悪くなり直線的な硬直化へ向かう
完全主義者的な考え方として　よく完全に聡明で天才である者ならチェスのルールさえわかれば　全ての競技に勝てるという都市伝説的なものがあるとする
ゲームの過程でルールの何乗かに相当するとてつもないセオリーが存在してとても現実的でない
組織病理では　そのような有り得ない錯覚も平気でおこるような短絡的思考回路になりつつある

28　回転の止まる時

地球の回転（公転）が止まると　太陽の重力に捉えられ吸収されて消滅してしまう　　もしくは　太陽から離れて放浪の旅となる
これが曲線を失った時の末路となる
全ての社会活動も同じだ
柔よく剛を制すとは　これと同じで　組織病理では　極端に直線性が強くなり曲線性を失う
同時に弾力性も失う

29　地味になる

色彩がなくなりクローンのような繰り返すようなつまらなさを重力に引かれるように沈着するとき　伝統とか重鎮などの古色蒼然なムード漂うような文化というものに美化されてくる
ルーチン化された同じ軌道を繰り返すように徐々に重力的に沈着してゆき死滅に向かう
そのもの自身の慣性的な生業になってくるからだ
すなわち伝統とか過去に重きを置かれるのも組織病理の特徴だ

30　なぜ統制が病理を生むか

堆積というものに関係があり　継続と時間の垢のようにゴムのような粘着性を帯びてくる傾向には　注意すべきだ　一度粘性を帯びだすとなかなかさらりと　離着することが困難になりさらりと切れるという状態にほど遠くなり絡まることが客観性を損ねることになる（粘着には思考の過剰反応がおこりやすくなりバランス崩れの要素がある）

統制は 一つのベクトルになり 方向の違う多様性の糧が失われてしまい 総合的な活力に絶えず抵抗をきたすことになる
アクティブフィードバックばかりが働くにつれ 硬直化と無駄な発熱が大きくなり効率の減退化が始まる
宇宙空間には あるベクトルに対しては 逆の抵抗のようなものが絶えず働きそれ自体が 逆流エーテルとして組織体に対峙する方向性がある
（特殊相対性理論からの応用）

31　組織重力

これこそが 組織病理の根源的要因だ
ある一点に収斂していくような集中の永続する強力で長い停滞する時間の渦だ
大組織には 必ずおこる悪癖の副作用とでもいうことだ
すべからく強い重力（存在）には 光速（エネルギー）でさえ太刀打ちできない
一体どのようにして防ぐことが可能だろうか
組織を大きくしなければよいとか しかしそれでは社会経済全体が困ってしまう
物質が多く集まるところには必ず重力が強くなる
重力の強大さを 防ぐ方途はないのだろうか

防げなくても十分な認識があれば対処できるというのが本書の目的だ
この場合の認識としてのツールが　ネガティブフィードバックであったり曲線性になる

32　傘下と健全性

ある組織の傘下にいる場合なかなかその組織の欠点に気づきにくい
家族・会社・地域社会・国家などみなそうだ
ある組織において　傘下の者が良くしようとして組織自体の批判をする　その時にトップが怒るのでなく　十分に話を聞いて　場合によっては笑いでいなせるような組織はとても健全だ
そのような批判や細かなミスに対して　とんでもない重罰を科すような組織は　組織病理の末期で近いうちに崩壊する
ただし組織がとてつもなく大きい場合崩壊まで相当な時間がかかる
これらの時間も宇宙のブラックホールに大変似ている

33 伝達信号

肝臓は 危機に陥ったとき身体にあらゆる信号を送るようだ
意識を持った個体がそれを見落としたり又は無視したり原因がわからない場合 大抵その個体は 病気になったり死滅したりする
組織病理も全く同じようなことだ
なぜ見落としたり無視するようになるかは 慣性法則と柔軟性が欠如していくからだ
さらに時間遅延による歪みだ

34 時間進行

物理的な時間進行はともかく主観的な時間進行は分かり易いだろう
例えばあっと言う間に時間が過ぎてしまったり苦境時に大変長く時間が感じられたりは誰でもよくあることだろう
組織内ではよくおこっていることだ
組織内時間が速いときは寧ろ健全なときだ
問題は組織内時間が遅くなっていくときだ

周りの環境は普通に時間が過ぎてゆくのに相対的に遅くなれば齟齬をきたすことはなんとなくわかるのではないか
主観的な時間停滞は　しかし物理的時間遅延と実際の効果としては同じようなことになる
大きな組織ではなかなか小回りがきかないとか決断が遅いとかいわれるところだ　無論これは組織が大きくなれば命令系統の多さや複雑化が絡み当然かと思われがちだが実は病理になりやすい傾向を潜在的に秘めているのである
それの重要な要素が時間であり　人々が日常で一番信頼している普遍的時間と生まれてから不変な時間についてひとは実は相対的な時間に実感がわかず見落としがちになってしまう
なおこの場合手続き経路の長さによる時間遅延とは関係ないので注意されたい

35　大組織の広告

組織が大きくなれば大きくなるほど安全志考に傾いていくことが常だ　冒険してリスクをとるより母体があるぶん規模の利益が働いているからだ
潰れるかどうかわからないような小さな組織にそのような余裕がない場合が多く　また総体数でいくと圧倒的に小さな組織は多くなり多様性にも富むことになる
そのため小さな組織の広告には優れているものが多い反面

大組織の広告には少しでもリスクのある優れたアイディアより堅実でつまらないものが多くなる
何事もそれなりの理由があるものである

36　本書の中でも組織病理のようなものが起こるか

一人の人間でも脳は　いろいろに分かれていて　理性的な脳や感情的な脳など競合葛藤がある
また人体においても単一な命令系統ではない自律神経とか胃腸など独自に活動している
慣性法則を安易に認めた　この時点で組織病理の方へ向かっているだろうか
新しいアイディアに注力しない単なる怠慢だろう
組織病理には　怠慢とか凡才には縁がない
組織病理になりやすいのは優秀で集中力も高く寧ろ超高品質なものが多い
しかし時間経過により変容が進む場合直しようがないほどの崩壊に結露があるのが特徴だ

37　組織病理の風土

組織内ムード的には非常に真面目で極度に冗談が許されなくなるような死んだような空気感が漂う
小さなミスなどに対する罰則も極端に重罰化していくのも組織病理の大きな特徴だ
上からの命令系統の強さが絶対化してゆくため
組織本来の目的よりも命令に忠実かどうかが優先されていくようになる

38　流動性

組織内の時間も停滞し情報や活動の流れが極端に遅くなっていくのも特徴だ
合理性が働かなくなり手続きなどに拘りが強くなっていく
また現在より過去に向かう価値観が物事の解決に大きな支障を来す
流動性が無くなることは弾力性も著しく無くなるため様々な問題の適応能力が失われていく
ひとや他の動物においても生命体の血液循環のような流動活

動は絶えず行われており組織もそのような循環などに問題が
おこってくる

39　流動性がないと何故組織に支障を来すのか

流動性が滞ることにより時間差が至るところでおこる
ひとは事物を全方位から見ているわけでなく　真剣に集中す
ればするほど視野が狭くなりなおかつ一方向しか見ることが
できない
一見乱雑でラフに見える人達は意外とあらゆる角度から物事
を見て余裕があることが多い
組織病理にある中核に余裕とか多様性は無縁だ
強度の集中ゆえにますます悪循環に入っていく
全体の中の矛盾に気づかないのは　思考自体が途切れ途切れ
に有機的に結びつかないからで自分視点が最優先してしまい
論理が遥か彼方へ霞んでしまうからである

40　集団共振

ひとが多く密集するところにはある共振し易い磁気学的何か

があるかのようだ
まるで磁気のような一方向と強さを持つ現象として大きなウェーブのように発動することもある
集団共振は　組織病理を量的に加速させる要因を持つ
レーザー光線がコーヒーレントな光で物質を破壊するように大変大きな負の力になる

41　慣性中毒

煙草の吸い過ぎ　酒の飲み過ぎ　スマホ中毒　過食症　ワーカーホリック　と中でも選択肢を過度に無くしてゆく行動があたかも組織の硬直化に繋がっていくようにたとえられる
これも時間偏移同様に当事者が全く気づかないことが実に大きな問題だ
組織病理に陥っている組織は　客観的に自らを見ることができない
何故ならば　時間の流れが環境と違うからである
その誤差があるにもかかわらず違和感なく正しく見えるという錯覚に入ってゆく

42　ひとはなぜ嘘をつくのか

まず自分自身どのような時に嘘をついてきたか
思いつくのは保身だ
そのほか何があるだろか
あまり思いつかないが　世間ではどうだろう
ある他人を守るため
または　ひとを騙して楽しむとか　さらに嘘で理論を誤魔化し誰も理解できないことに優越感を感じるとかいろいろあるだろう
組織の嘘は　ほとんどが組織維持のための保守的動機が大半でなかろうか
何故組織維持が重要になってくるのだろう
それが存在的な時間ループなのだろう
ここでも時間の重みに翻弄される事象がある

43　脳のネットワーク

とても努力家で優秀なひとが　あまりに難解なものに取り組み続けることにより脳のネットワークの一部が壊れてしまい

修復不可能のようなことになることがある
相対性理論などは　理論自体錯覚させる要因が沢山ありこれもその内の一つかもしれない　　ある一点で壊れていても他は正常なので社会的地位に影響しないこともある
組織病理にも生々しさの壊死のような合理性に欠けるようなことが増えてくる

44　暫く組織病理の具体例をみていこう

私が考える組織病理の歴史上最も古い事例は　マヤ文明崩壊でないかと思う
もともとマヤ文明では小国分立から永らく上手くやっていたらしい　それが統一的な気運が出てきた頃崩壊したらしい
よくスペイン人の侵攻とかいわれることもあるが　私は違うのでないかと考えている
次に行政機関の縦割りについて述べるとこれも組織病理と深い関わりがあり　しかし縦割りのため横の連携がないというだけで　大変わかりやすい組織病理の一例としておこう
世界情勢など生々しくなるため本書のめざす直接の目的でもないためこのあたりで止めておく
最後に述べたいことは　組織病理の行き着く末は戦争を引き起こすということである

45　水

水は流動性がありまた流体のため絶えずブラウン運動がみられる　即ち物質である水はエネルギーを持っている
固体にしても絶対零度というのは理論値では存在するものの実際の宇宙にはないようなので　全てのものにはエネルギーが付随しているといえる
流体の柔軟性は　隙間を埋めるかのような働きがあるのだが組織構造において情報は水のような働きをもちなおかつエネルギーの如く立ち振る舞う
一方で水が凍ると固体になり潤滑性を失う
凍るということはエネルギーの減失によりおこる
また時間遅滞は　エネルギーの減失（物理的厳密にいうと質量の増加）に他ならない
組織病理では　温度感からも冷え冷えとした状態になる

46　時間前後の錯覚

運命とは何か　ひとが済んで変えようのない過去の連続性を垣間見てあとから振り返るのが運命であり人間の概念の一つ

だ
常に新しい今という選択肢の可能性があるが　ひとはなにか考える時確実な事実が過去にしかないためつい運命とかに錯覚する
また潜在感情的には未来に対しての安心感に使うこともある
当然病理的な組織は運命的に考えることも多くなり未来に向かう意欲も発展的でなくなってくる

47　電気は刑法では物としての扱い

温度はものとして扱えるだろうか　温度はエネルギーの一つだ
組織病理では遅れたり低下していくものが多い　　温度感という活性のなさは顕著に至るところで蔓延する
逆に命令系統の摩擦で発熱が起こりやすくなるが　熱の異常発生は局所的で効率のブレーキとなる
法の規制上電気のようなエネルギーも物としての扱いになるが　組織では効率を阻害する熱でなく全体的な熱は英知を生み出すような土壌となる（エネルギーの配分バランス関係）
冷え冷えとした環境ではよい知恵も生み辛い

48　レーザー光と共同意識

レーザー光は集光とコーヒーレントな波の揃い方で強力な威力を発揮する
ひとの集合も意識の共感などで大きなパワーを発揮する
組織病理においてはアクティブフィードバックの良くない発振がおこり易い状況下にはある

49　マシーンシステムにおけるスイッチング

大組織においては　ひとは一つの大きな機械の部品とみなすこともできる
部品の品質はある意味スイッチングで決まるともいえる
スイッチングとは切り替えの速さのことだ
一つの失敗に対していつまでも引きずるより切り替えて後遺を残さないほうが遥かによいことが多い
また部品の作動がオンオフにおいての時間遅延の短縮や忠実なことはいうまでもないことだが　重度の組織病理においては極端なオンオフの時間の単調に速いことや逆に極度に遅いことがあげられる　また逆に短絡的に速くなるにつれミス

が非常に多くなることがある

50　組織の軸とは

アクシスは大体回転するものだ
また軸のブレなども普通はあるものだ
中心というものは周りに影響を及ぼすものだ
波状に浸透していき波形に歪なものが不協和音を生み出す
また今まで培った小さな文化を軒並み壊していくことがある
が　短時間には影響はないため見過ごされがちになるも長期的にみると大きな無形財産を失っていることになる
軸の大きなブレは　組織崩壊の危機になりかねない
ブレが大きくなることは環境変動や自己組織化において矛盾が噴出してきた場合だ
外か内なるものかだが　組織病理は常に内的軸のブレなどから矛盾の解消ができなくなるスパイラルからおこる

51　組織のエネルギーとフォロー

ネガティブフィードバックには良いことが多い

失敗の反省から将来に対処していくのは最たるものだ
組織の活力として前に進むことと逆に済んだ過去をフォローしていくエネルギーは大変なことだ
これが組織病理では非常におざなりになってしまう
短期短絡な視点とオールオアナッシング的な思考は組織病理の典型的なものだ
物事の中庸がとれない柔軟性のない高熱ショートの状態はアクティブフィードバック時の発振となる

52　食事の了見　量か質か

食事を取るときの状態は　いつも一定の条件とは限らない
より空腹時は質より量をとりたいだろうし　あまり空腹でなく食事しなければならないときは　量より質をとりたいだろう
自己条件と対外条件は様々なことが多い　このようなことは組織活動において日常茶飯事で何かの偏りから節が出来てしまうことがありこの節は硬化を維持する助けになり組織病理の一つの原因にはなるだろう

53　量子的感覚

はっきり黒か白かでなくグレー色な傾向のある組織は意外にも健全な組織が多い
竹を割るような明確な人間は認知的複雑性に問題があり余裕の遊びの少なさが深みに欠けるようになる
すなわちミクロな部分においてもネガティブフィードバックは必要で量を犠牲にした質に還元するのである
量とは時間であったり資源とかを質に変えるということで無形の蓄積財産となる
組織病理の特徴は極端に組織の無形財産の欠乏を引き起こす連鎖となり骨格が形骸化していくことだ

54　正確性の大問題

組織がより大きくなるにつれ僅かな失敗が　大きな損害になる
そのため組織規模の拡大は一つのミスに対する同じ微分係数であるはずの結果がより大きくなってしまう
このことは必ずしもその部分的ミスと罰が比例することなく

厳罰化されていってしまう
小さな組織と大きな組織での同じ小さなミスは　規模により意味が違ってくる
ここでも組織病理の傾向がわかるだろう（個人からする一つのミスは　組織の大小にかかわらず個人からする行いは人間として同じものだが組織に与える影響力が格段に違ってくることで人間社会での歪み・アンバランスが生じる）

55　人間歳とると

何かにつけて硬くなる
先ず経験からくる確実な事実と今までの自己生存継続性からの慣性モードが大変強い
また脳が新しい煩わしさを嫌うようになってくる
全く組織体も同じで様々なところで柔軟性を失われがちだ
特に規模の利益が発生してくるため細かいことを犠牲にしても大道優先になりがちだ
大組織の垢はこのような要因と安全志向と対外信用性確保維持などで年数を重ねることで溜まってくる

56　若年者と官僚制組織の生一本

軍隊のような絶対的な官僚制組織は　若年者にとりひとつの大きな魅力に映る時期がある
これは直線で生一本の純真性に共感するからである
また認知的複雑性も考慮することのない煩わしさのカットがカッコいいというモノトーンな構造主感が受けるからである
まあ大きな欠陥としては荒削りな単一性向となる多様性除去にある

57　新しい何かに対峙してゆく

組織規模が大きくなればなるほど新しい未知のことにチャレンジし難くなってゆく　　圧倒的に中小の組織より既存事項では有利なことが多いため安定的な安全を選択しがちだからだ
また失敗に対する信用失墜の経済的不利益が大きくなるためでもある

58　雨と風

雨の日には意外と風がないことに気づくだろうか
水である雨が風の流れを遮るからだ
台風時には強い力で風をかき混ぜるため風雨と共に傘を壊すことがある
しかし雨量自体は少ないはずだ
このように雨と風は反比例の関係にある
組織でひとを雨とすると集積密集が進むにつれ風は流れの悪さをあらわす
情報過密が風通しを阻害する

59　組織内の欠陥は　外部に向く

組織内の欠陥は　他への批判攻撃となる
自らの欠点は　他の欠点と共振するため　共振はその組織にアクティブフィードバックを与える
これは良くない自振動となり内部崩壊の原動力となりうる
またその時に組織内誤情報が錯綜する
矛盾律が非常に多くなり組織本来の機能が働かなくなる

60　飽和性

同じことの繰り返しなどから飽きてくることがある
頑固な組織にもつきもので
多くの基幹要員は　まず無変動性が重視されある種の一定性がもとめられる
このような無変の忍耐がなければ基幹要員として不適格となる
このような無変動性は　組織病理のアクティブフィードバックとして働きやすい傾向が常にある
自重忍耐と柔軟性はバランスで　出来るだけ柔軟性を確保できるかが大変重要なこととなる
飽和性は慣性法則に委ねて緩和できるが質的レベルの低下につながる

61　個人の常識と環境変化

経験を積んだ老練者と変遷の激しい環境と齟齬が生じることがしばしばある
環境には波も周期的にある場合も多く必ずしも新しい環境が

全てでなく また老練者の固定観念が部分的には正しくとも全体の総合的調和により正しくなくなる場合もある
この時にいかに個人の多角的視野の柔軟性が問われることとはなる
これも強い組織重力場では働きにくくなっている

62　経験の平滑性

ひとは経験値から行動を考えることが大半だ
経験蓄積は大きな知的財産であり組織病理内では それがあるにも拘わらず有機的活用が妨げられ乾燥枯渇していることが多い
有機的情報の痩せていく目に見えない内部的侵蝕状態が続いていく
有機的情報とは 知識プラス環境に応じる柔軟性のある健康的な対応のことだ
枯渇有機情報とは 目先優先でネガティブフィードバックの全く働かない行動パターンだ

63 脳の専門化という頑固な工具

専門化の進んだひとの固定観念は安易な変更ができなくなるいかなることがおこるかというと特に高度情報化社会においてときにとんでもない大衆の固定概念（固定観念でなく大衆の誤った共通の常識）に社会が引きずられることが大規模におこり社会経済損失は計り知れない

64 人間限界説

人間は有限の頭蓋骨内にある脳で　しかも生から死と生存有限時間から様々な限界がある
たとえば宇宙は無限だとしても脳自身が有限なため必ず有限宇宙に考える傾向にあるし宇宙の始まりとか終焉を自身の生命から同じように考えてしまう傾向が強い　　特に万人にありがちなのは自分一人の世界しかなく周りの他人の人物は全て自己の創り出した幻想だとかだ
また時間は絶対的に過ぎてゆくと考えてしまうのも人間の生物としての限界を示すものだ
近年よくいわれる錯視・錯覚などは　実証的でわかりやすい

例を具体的に示してくれる
このような生物としての人間の限界からくる思考の特性がありこれらは組織病理の典型的な枠内に入るためよほどの認識がないと組織病理から抜け出すためには至難の業になる

65　人間関係効率

職場の人間関係がしばしば問題になりしかも実は大きな経済非効率を生み出しているのも現状ではある
あまりに世の中には多過ぎて寧ろあまり科学的に検討されていないのでなかろうか
近年様々な場面でロボット化が進みつつありひとに代わりロボットならば　この問題はおこらない
即ち人間とは経済目的において個人の多様性においても相性も合わないことが多くこれらの摩擦を如何に最小にできるかは経営学や社会心理学等の問題になるかも知れないが　なかでも組織病理の観点からは非常に熱のない冷めた傾向にあるということに注意されたい
非効率頻度の高さは組織病理の大きな特長の一つのため健全な組織にも必ずある問題が病理には莫大におこり陰惨に消えてゆく

66　小ピラミッドの一番

社会での頂上は何かにつけて目立ち注目の的になったりアクセスや交流など様々な利点で優位となることが多い
ある分野で一番になることは　その価値以上の付加価値が余計につくため必要以上に求められることが多い
しかし社会の未成熟段階では特に強いものの社会成熟期に伴いそうでなくなってくる　　なぜそうなるかというと情報の高速性からだ　　現代では情報の瞬時性が強く逆に情報の信憑性や脳へのバランス配置性が問われる時代だ
情報量の増大に伴いしだいに脳内地図の位置や強弱の付け方に乱雑性が生じて公正な配置ができなくなる
それでなくても人間は感情や潜在的欲求や個別な事情に強く左右される
自己矛盾に気づかない時は大抵強い感情に歪められている場合で　まさに取り返しのつかない現実に直面し長い時間と痛い思いからやっとわかるぐらいだ

67 役割分担

ひとは集団の緊急時に役割分担行動をとることがある
このときには 不思議なことに犠牲心が働く 集団の力だろう 組織には常にこのような組織単一のような一体的な犠牲が働く このように何かの谷に落ち込むときも同じように一体感が働くこともある このことにおいても組織病理はなかなか抜け出せない

68 話しだすと止まらなくなる場合

ときにカラオケなどでマイクを持つと離さないとか慣性法則が強く働き出すことがある アクティブフィードバックの作用だが アクティブフィードバックが働きだすと周りの事に盲目的になってしまう
組織病理ではこれがトンネルのように長く続く
まあ抜け出せない
入る前の準備はこの書で学ばれたし…

69　自らの反照と連携

重度の組織病理になると自らの客観的な　反照はできなくなってしまう
悪循環の崩壊に進む一途になってしまう
また組織内の連携が上手くいかなくなる　　これは他に対する思慮がジャイロ効果により　より直線的になるからである

70　理性と判断

当初の組織目的は　理性によりコントロールされるはずであるが　理性自体が　時間偏移や強度の集中固定化から柔軟性を極度に失ってゆき　状況判断の狂いが頻繁におきることが常態化する

71 我々の身体

我々の身体は　宇宙の中の一部だ
そのため社会経済も宇宙と密接に関係があり関連した物理現象が　大きさに関係なくフラクタルに相似形として幾重にも連なる
およそ宇宙の理解には　2通りある
ひとの修行などの内面からの悟り　また　外部観察や論理的思考からの科学的アプローチからのもの
組織病理は　宇宙的規模からくる普遍性があるため宇宙そのものを理解しないと解明できない
そのためにアインシュタインの相対性理論を正しく理解することが近道であるしそこからの応用が求められる

72 渦の混乱

ときとして大組織では　良識の広いひとや知識や知見の深い高い専門性を備えた人々が病理の方向に走ってしまうことも多い
基盤が豊富な知識からきているため一度視点のベクトルがき

まりその組み合わせは強固なものになるためなかなか柔軟性が保ちにくくなる
零から考えだしても途中で既定の固定された概念が常に邪魔をして　当たり前のことも専門性に阻まれてしまう
複雑な環境に置かれたときなど柔軟性より既定の実績などが優先されてしまうため問題解決にも困難を極めるようになっていく

総　括

組織病理の定義と様々な態様を要素分析的に論述したが　時間や集積といった宇宙の常態にも似たような相似形が多くみられる

宇宙自体が病理といってるわけでなくその常態が病理として生命体である人間には影響を受けるため組織病理は普遍的な自然物理現象の一つだと説明したいのである

そのため組織病理から逃れるためには　自然物理社会に対峙しなければならないということだ
如何に人類にとり困難なことであるのだろうか

Chapter 2.5 (インターミッション)

あ〜 bar でのひととき

今晩は　バーで一杯
静かに　ひとりで　寛ぐ
都会の喧騒を忘れ　一体この世　自分はなんなんだ
遠く夏の潮騒に　回想してこの今という時間を　ゆっくり愉しむ

自分が風物詩のように周りの状況に溶け込みあたかも自分が居ないかのようになる時がくるかも知れない
人生の枯淡かな

振動の多寡

振動の少なさは　より現実的に　また振動の多さは　幻想世界への誘いだ
ひとは　このバランスで生きている
カラオケなどで　エコーをかけることなどにより　より上手く聞かせることができるが　しかしこれは誤魔化しにすぎない
なぜかというとエネルギーである振動が多くなるにしたがい精確性が犠牲にならざるを得ないからだ

必死さの違い

なぜ戦争時には　加速度的に科学技術が発達するのか
これは　人類が自らの生存のために最大限にその能力を発揮するからである（生命体の最大の意義は生存そのものにある）

あたたかい食べ物は　おいしい　しかし熱すぎたまま口に入れると火傷をするだけでうまいどころか最悪だ　これは過剰やアクティブフィードバックと等値だ

なぜ重度の組織病理に移行すると嘘の堆積に無頓着になるのか
これは　実は大義の目標に関係がある
大義の目標には　小さな嘘は止む得ないと考える慣性の法則からだ（大義の目的以下は全て切り捨てるという都合のよい合理化）
このことから嘘の大小に麻痺していってしまう

情報公害

現代人が直面する一番の大きな問題は　情報公害で　あらゆる副作用のある重大な病だ

近年医学は著しい発達をしている学問だ　しかし理論宇宙物

理学はどうだろう
真理の分かりにくさと責任感の無さから　全くといってよいほど出鱈目だ
医学では　間違いがあると人が死ぬ　　しかし理論宇宙物理学では　なかなか人は死なない　　更に間違いがあろうと責任さえ全くとらない
それを踏まえたうえで仮説を提示しよう
約30年くらい先の予言だ
宇宙空間に重力波望遠鏡を打ち上げる頃のはなし
マイケルソン・モーリーの原理を使った重力波望遠鏡は重力波でなくほとんどが地球振動を計測したに過ぎないことが判明するはずだ
まあそれに賞を与えたノーベル財団も如何なものかと思うがやむをえないのだろう
100年以上昔からある相対性理論を一度も正しく理解できたことはないのでないか
そのために相対性理論にはノーベル賞はない
相対性理論自体遥かにノーベル賞を超えているからだ
ここでアインシュタインが如何に優れているかということを言いたいわけでもなくただ単に元々の自然宇宙物理がそうなっているだけでありそれを認識できたのが相対性理論であったに過ぎない

数多の数理上からも人間の錯覚を引き起こすことが至るところにあり未だに優秀な専門家でさえ正しく相対性理論を理解することは至難の業だ

コーヒーの味

コーヒーの味はバランスで決まるとはプロの間でよくいわれる
酸味　苦み　まろやかさ　香ばしさ等など　あとは飲む側の体調だ
主体側のバランスと客体のバランスが　上手く噛み合えばベストだろう
組織は常に自己組織化と環境の適応能力に晒されており流動的な面がある
それらのバランスが崩れるときに病の発端となる

重さの世界

歌舞伎や能など古くからの芸能や今ではクラシックやジャズなどの音楽ジャンルでさえ　重いと感じることがないだろうか
重苦しいとかの重さだ
重さには時間を止めるような空気感がある
また重さにはそれなりの量的な莫大さもあり集積の堆積のような質量感を感じる
知識の量と質の問題がありしばしば質より量がものをいうことがあり重さの問題になっていくと慣性法則がそのまま働き雪ダルマ式に膨れ上がり論理の訂正などあまり考慮されることなく混沌のカオスになる

いまはまさにその時だ

瑞々しさの枯渇する組織

いわゆる流動性の欠けて凝固化する組織は重力と対象固体が一体化してゆき時間の遅延が進行してゆく
時間遅延は　空間の矮小化と同じ意味をもつ　アインシュタインは相対性理論でこれを明らかにしている

開放弦

オープンな窓は　未来に続く可能性の大きな持続性を秘めている
閉鎖的になることは病理の第一歩だ
閉鎖性は目的に一点に集中していくような　可能性を狭めるピンのさきのような硬さと集中があるのだが発展性がなくなり硬化の一途となる

自慢話と成功例

組織病理の末期的傾向の組織ほど宴会などになると上司などの自慢話が多くなる　　組織内の集中力は優秀なところほど速く病理は移行しやすい　　優れた組織は成功例も多く自慢

の種は豊富にある
組織内集中の過程で多くの人員には　時間遅延や多様性除去志向傾向になっており弛緩した娯楽状態においてもまるで柔軟な発想が湧き出てこないため勢い自慢話が自らも楽しくなり受忍義務のある部下は受け入れざるを得なくなり外形的には盛り上がるのである
あとは酒などの酔いもありあやふやなまま過ぎる
さらに翌日には　必ず前過へのわだかまりを無きごとに形式上消し去るような儀礼が行われる

流体と個体

流体とは　常に動いているもののことで　個体とは動きの殆どない状態をいう
ひとの体はどちらかというと流体だろう
それが固形化するとどうなるだろうか　本来のアライブの状態から　死に向かう傾向となる

病気の記号

マクロ的に　良い状態か悪い状態に関わりなく　ミクロ的に偶数か奇数かということなどで　全体の状況が変わることがある
また酸性かアルカリ性か食べるものによる極性のような変化

があり人間のからだに何らかの影響をもたらすことがある
しかしこれらの極性変化には何らの全体的解決とは無関係に
寧ろ一方的な偏りに注意すべきだろう

病気とは

病気とは体の何らかに問題が発生し本来在るべき機能が十分に働かなくなった状態だろう
組織病理は具体的な目に見えるものの機能ではなく時間的には非常に長く不可逆的に侵食が進んでいくような病気でいえば気がついた時にはガンだったというような本人が気づかないことに近い
気づかない理由は　時間が関係するからである
例えば地球時間と月移住時間は時間進行が違う
重力の大小の差で　ほんとに僅少であるが月の方の時間が地球より速くなる
組織内傘下の人達が自らの問題に気づきにくいひとつの喩えにはなろう
組織病理では　時間が要素に大きく関与する
硬直化は勿論柔軟性がなくなり大抵よくないことが多い
更に慣性系が積層的に時間とともに働いてくる
また重要なのは　自らの照射観察ができなくなることだ
これらは　慣性の法則から自然物理的に進んでいく
賢者といえど何人も阻止できない
今までの歴史の繰り返しが全て物語っている

まずは　このような普遍性のある宇宙原理を知ることが重要だ

元を締められたら終わり

組織の統制経路は　源から締めるなどの権限に由来する
末端が違う反乱などしても最終的に源に組織の権限が半導体のように一方向の流れを作りだして　反対方向のオーダーを遮断することにより組織の機能が保たれる
なお組織の機能と組織病理性はあまり関係ない
寧ろ機能偏差の場合に組織病理はおこっていく
また大抵は　アクティブフィードバックが働いていて共振状態が続き　ひとの身体でいうと発熱の状態で不調となるような状況になる

健康の時間差とは

たとえば　深酒で水を大量に飲み薄めれば　かなりのダメージを避けられるおり（量の問題）酒をただ飲まないということで時間を過ごす（質的な切替）
しかし情報の時間伝達誤差などで健康を害することは量的でなく質的にある
時間遅延の積み重ねは組織にとり大きな健全性の損害をもたらす

ひとのからだと組織

ひとには自律神経系のいわゆる普段自分の意思制御外の独自で活動している胃腸や心臓など体のほぼ半分は直接制御のできないものだ
ひとりの人間を社会の一組織体とみると大変面白い
脳は言うまでもなく組織のトップだ　また手足など営業部隊の精鋭だ　口目耳鼻舌触などセンサーがあれば　頭には多機能が一手に集まっている　　しかし心臓や胃腸などトップの意向などお構いなく自らが最優先して都合が悪くなれば脳に信号を送る
このようにひとは　意識上は一つの意思決定で動いている錯覚があるが大分事情は違うのである
即ち自律神経系の挙動など無視し続けるとやがて病気などになっていくだろう

組織の代表の継続性

よく傍からみて辞めて欲しい組織の代表者が　継続の意志を示しがちなのかは　慣性の法則からくるものだ
その慣性系からみる周りの環境と静止した環境からの見方は全く違ってくる
これはジャイロ効果による多様性除去と特殊相対性理論にみる如く　移動する慣性系の時間進行も違えば　視覚誤差もおきている

即ち思考が周りと微妙にズレてくる

無 限

数学や理論宇宙では　必ず直ぐに無限が出てくる
しかし数学の机上計算上の無限はともかく物理の無限は要注意だ　　たとえばブラックホールの無限の重力とか　無限のエネルギーにより光速に近づけるとか
無限とは実際には宇宙空間の無限か有限かくらいにあてはまるくらいで　あとはほとんどの場合無限ではなく人間の概念でしかなくみな有限だ　　これを概念上の数学のように安易に無限と考えて合理化するためおかしなことになる
たとえばブラックホールはどこまで巨大化しても必ず有限の重力で有限の空間が存在し何処にも無限なものはない
理論宇宙物理の高度に無限指向的な考え方ほど人間の病理的なこととも考えられる
すなわち組織病理的思考は極端化傾向が顕著である

地球上で一番高度な理論であるはずの理論宇宙物理学が遅れて進まなかったり漫画のような（体系内矛盾）理論が多いのは　このような病理的思考も関係あるのだろう
無から宇宙が生まれることはなく　物質は　エネルギーから反物質を引いたものとは後に分かったことだろう　　　すなわち物質と反物質の融合から莫大なエネルギーとなり無から物質（宇宙）が生まれることはあり得ない（なお参考までに

記しておくとアインシュタインの時代には反物質の概念はないが$E=mc^2$は反物質なしでも成り立つ)

ワインの回転

ワインの専門家など　よく観察すると必ず上から見た液体の回転は 反時計回りとなる
これは時計回りにするとコリオリの関係から勢いがつき過ぎることを懸念したことから　昔からなんら理屈を知らずに行われてきたことだ
目に見えない組織病理の時間偏移にはこれに似たようなことがおこる　ただし余りに微小の積み重ねになるため時間の堆積が意味をもつ　なお南半球では逆になろう

主観時間の考察

何かに集中して没頭する時　時間があっという間に過ぎてしまったということがあり　本書でいう組織病理では　時間遅延と矛盾するのでないかについて…
電流でいえば交流状態がそれに該当し直流状態が一意的で組織病理でいう集中ということになります
すなわち一方向の命令の流れのみやアクティブフィードバックやネガティブフィードバックが交差しない状態に停滞がおこります

分かりやすくするとその組織自体は時間が遅くなり周りの環境は速くなっているということになります（経済社会で欠かすことのできない交流電流はニコラ・テスラの発明で　直流は遠くまで電気を運べない）

人工衛星GPS

いまでは文明社会にかかせないGPSだが　人工衛星に積む原子時計は　約１年で0.01…秒くらい進むことになる
これは地球自転などの速度と更に外周人工衛星が速くなることによる時間の遅れ（特殊相対性理論）から地球重力から遠ざかることによる時間の進み（一般相対性理論）の差となる
なお精確な差は　太陽系の惑星運行などから絶えず地球あたりの見かけの重力場（一般相対性理論）の変化やベクトル変化などがあり難しいのでないか
実用的には　相対性理論上の誤差より諸事情の物理的誤差等が大きい

共　振

宇宙は波動からできている
他者への悪口は　まず自身の同悪が共振するものだ
では善行はというと　行動が行動に共振して　言葉としてあまり共振しないだけで行いで伝搬するのだろう

Chapter 3 （方策）

1　組織病理は防ぐことが可能か

少し実用的なはなしにしてどうすればよいかの話題にしたい
初めに一番重要なことは　如何なる組織も普遍的に組織病理に進む傾向があるという認識を持つことが大事だ
慣性法則の意味や弊害などをよく検討することはよい
時間偏移の歪みは　実は大変難しい問題で　正しく相対性理論が理解できれば一番よいのだが　なかなかそうはいかないので本書では　そのようなこと含めてチャレンジしている
組織病理は　その組織内部からはなかなか気づかないのが大きな特徴で　外部委員とか外部監査とかは　そこに意味がある
しかし組織病理の重度に進んだ場合は　外部何とかは無視されるくらい　内部重力が強大になってしまっているので自浄は全く働かないのである

2　サングラスと白内障

若い時からまめに　強い日光を避けサングラスなどで遮光をしていれば　高齢化してもかなり白内障を遅らせることが可

能だ
これは組織病理の基礎認識に喩えることができる
所謂直ちに効き目があるわけでないものの大変な長期間で重要な意味を持ち続ける素養となる
最終的に戦争の起こりにくい社会に貢献する資源的学びとなる

3　情報量の増加

情報量の平坦な広大化は　組織病理に直結することが多い
ひとの頭脳は　知識型と思考型に偏ることが多い　思考型はかなりの知識領域を削るため　思考が苦手なひとは　普段無駄な3次元空間領域が少ないということになる
逆に無駄な3次元空間を少し削ると膨大な知識領域にすることが可能だ
しかし簡単には　切り替えが困難で　ひとのOSとは　そんなところにあり半流動的だが　歳とともに固形化したり知識領域の拡大とともに思考が固形化していってしまう　柔軟性を保つことは何事も困難なことが多い

4　教育において最も重要なこと

あらゆる物事に対して決して断定的に決めつけないこと　土台になるある程度の普遍性のある基礎の習得は必要だ　　しかし少しでも疑念の残る問題について　決して断定せずに自由に考えさせることだ
場合によれば　グレー問題の未解決の氷解になることもある
それが若い未来だ
年積の杞憂をつのらせない自己努力も最大限必要だ　　結果でなく姿勢の方向性という微分係数が大事だ

5　ある程度の良い加減さ

車には　アクセルやハンドルなどあそびがある
すなわちある程度の　非追従性が必要で　完全なトレサビリティは　大変危険だ
人の完全主義者は　これに相当して同じことだ
大きな組織は　必ずといっていいほどこの傾向になる
組織重力といえる
組織重力は　時間の遅延から様々な悪影響をもたらす

6　劣等感

劣等感をバネに　動機付けとすることほど愚かなことはない
強い潜在的揺動は　必ず周囲を歪ませることになる
一時的な歪みは　ある力として働くも長期になればなるほど
歪みが大きくなってゆきうまくはいかない
劣等感は　組織病理のなかでも異質ではあるが　同じように
崩壊に向かう　一つの要素だ

7　優越感

むしろ優越感は　組織病理の要素だ
大事な要素を見落とすという意味で　時間偏移に似たような
要素がある
まあおごれる平氏はなんとやらである

8 魔法使い

論文など文系では それは歴史的必然だった とか科学ものでは アインシュタインが予言していたからとか上手く引用して我田引水がみられることがある
いわゆる部分を抽出して虎の威を借りるようなやりかただ
その手の書き物は怪しいと疑ったほうがよい
いわゆるある種の魔法を使っているわけである
近年このようなことが非常によく感じられる
あまりの情報過多で基本的な要素をしっかり理解して応用していかないと 何が正しいのか全くわからない混沌とした時代だ
組織病理の状況下では 情報のベクトルが 一方向に強くなっていき多様性がなくなるため 強い磁気により引きつけられる場の状態 すなわち時間停滞や一意収斂するような柔軟性のない環境適応しにくいものになってしまう
まあジャイロスコープにも似ている 集中が強くなればなるほど回転がより高速になり固定位置が保たれる すなわち外部環境を断つわけだ

9 点数について

物事を数値化することは 客観性や精度を出して比較したりして大変便利な指標となる しかしそれは万能では全くない ひとはいつしか高度な数式等を扱ううちに万能だと錯覚することが大いにおこりうる

またむしろ逆に数式等の世界観的なものが脳に影響を与え続けることにより 物事の本質から外れていくことの弊害の方が顕著だ

アインシュタインの相対性理論は 難解な数学の強要から始まるためその事例としてあてはまり そのためもあり現在でも多くの専門家を含め全く理解されていない

相対性理論自体が 人間の常識から大きく外れている難しさもあるが 数学が非常に大きなハードルとして岸壁のように立ちはだかっている（たとえば仮にリーマン幾何学という便利な数学で上手く説明できたとしても実際の自然物理の空間を有りもしないリーマン虚空間と錯覚してしまう すなわち数学には元から人間の概念が入っている）

本書では数式を全く使わず少しでも相対性理論の真髄に近づけるよう工夫はしている

教育でも点数評価がされる

現在でも問題となっているのは減点法だ

よりよい評価は加点法だが客観性の困難があり採用されてな

い
しかし知識型から思考型にしていくには加点法が望ましい

10　考え過ぎること

物事はすべからず　過剰は一番いけない　　食べ過ぎは勿論　飲み過ぎ　寝過ぎ　考え過ぎが何故いけないかは　実に組織病理の要素でもある
考えの長い集中に　脳は疲れてくる
疲れるとは　どういうことかというと歪みが増えてくるということだ
大前提から条件をつけては　次の解法へ　また繰り返したり戻っては条件を変えてみたり　時には前提自体変えてみたりと…思考にはあるパターンがある
このパターンにスムーズな流れが淀んでくるものが　疲労とか　長いスパンの組織病理に関係してくる

11　慣性と多様性

宇宙空間では　大抵のものが慣性法則に従って移動している

これが経済社会においても日常においても人間社会の規律としてなされている
慣性はある意味物理的なのだが社会において様々な様態に影響を与えて多くの弊害ももたらしている
多様性の阻害などだ　慣性はジャイロのようなどちらかというと直線傾向が強い
多様性は　曲線として対比すると比較的わかりやすい
同じことの継続か新しいことへの分岐かは方向性が大きく違ってくる

12　進行してゆく流れの中にいる我々

いま現在が一番大事だ
永遠ともいえる宇宙時間にたまたま今がある
この瞬間のリアルな連続の中にいることは　なんとエポックメーキングなことだろう　　そうひとは生きているだけで貴重なことだ
過去・未来より今に価値観が持てるひとは素晴らしい
組織病理が進むにつれ過去に価値観の比重が増加してくる
また矛盾に鈍感になりがちで情報の錯乱が多くなってくる
未知のわからないことの中にいて徐々に　解明されてゆく時代にいる
不明が多いということは生命体にとり実りの伸びしろが多い

ともいえる
また進化のぶり返しは波のようにおこる

13　絶対性

たとえばこれは絶対こうだという考え方が多くなってきたら気を付けなければならない
既に多様性を除去しようとして生気を無くす方向にあり組織病理の下り坂となっている
高度な専門家に　絶対という用語が多くなる
歴史をふりかえると絶対ほどあやしく危険なものはない
なお話は変わるが　相対性理論にも必ず絶対値はある
相対性のなかの相対性はあり得ない　　まあ絶対と絶対値は違うとおぼえておいて欲しい

14　エッジ

スケートやスキーなどちょっとしたエッジの効き具合が滑って失敗するか　素晴らしい演技などになるか微妙な境目となることがある

高名な料理店のノウハウを盗んでも同じ味が再現できないとか　ある製造のノウハウを盗んでもそのままの本来の性能を十分に発揮できない
すなわちエッジは　微小でも物事を左右する決定的な重要さが常にある
組織病理では　それが時間ということになる

15　犠牲になること

組織病理では　なかなか犠牲になろうという傾向はあらわれない　　何故ならばそれが組織病理たる所以だからだ
自分が犠牲になることは　その組織自体を否定することになる　　自分と組織はイコールなわけだ
確かに100年以上前のパレート（経済・統計・社会学者等）には　他者への与利益がひとの本能の一つとして記述されている
しかし組織病理内では　そのこと自体が壊れていて機能してない
何故壊れたのかは時間偏移に関係あるのだろう
また必要人員の排除などが主な要因だ

16　ひとはなぜ波に癒やされるのか

動物は鼓動というパルス信号で生きている
この源は如何なるものだろう　　　宇宙の鼓動かも知れない
鼓動もエネルギーであり波の一つだ

17　医者の治療と組織病理の治療

医学の一番の難しさは　個人差の大きいことだろう
いくら一般論で学術が成り立っていても個人差の特性が余りにも違うと共通項が成り立たなくなってしまう
しかし医学は人が死んだりして結果の痕跡を残していく
そのために例外の情報も蓄積されていくことになり現代医学は進歩の過程にある
一方で理論宇宙物理学はどうだろうか　結果が分からず一部わかるとしてもとてつもない時間の長さだ
そのため多くの学者が無責任の理論し放題で漫画のような状態だ　　　一応科学的で理論的という体をとってはいるも矛盾内包は難解な数学などで煙に巻かれてしまい指摘の困難性がある

一番の驚きは　既に100年は経っていると思われる相対性理論を学者が正しく理解していないことだ
難解な数式を解いていく内に思考歪みに入ってゆくこともあるのだろう
組織病理を解明することは　相対性理論を理解して応用のうえ社会科学を解かなければならない
本書は　理系で一番難解なものと文系でも難解な部類に入る経済経営系組織論の融合応用を試みている
組織病理の治療は可能なのか

18　治療とは

治療とは元あった正常な状態に回復させることだろう
とすると一つの組織の生成時は正常な状態だったといえるのだろう
組織病理は　機能低下が組織内そのものとして　あたかも鉄が錆びるかのような崩壊方向に進んでいくことだ
鉄の錆を組織病理に喩えると鉄は酸化により錆びるのであれば還元すれば錆から逃れることができる
または表面シールドなどで皮膜を作り酸化を防ぐ方法もある
これに該当する組織病理の錆とは何だろう
1　硬直化　2　時間遅延　3　歪み　4　命令系統の一方向性
　5　論理性の混濁

などだろう
いずれにしても一つの収束性がある
まあ蟻地獄に似てはいる
蟻地獄とは 一度落ちだすと加速度的に不可逆的に進むことだ
また癌にも似ている
癌は早ければ早いほど治療の可能性が高い しかし遅くなるほど難しくなる
組織病理も同じで末期になると絶望的になる
早ければ早いほどよい
では具体的な治療方法をみていこう
まず集中である
組織目的のための過度の集中を無くすというか緩和することが常に求められる
少しでも怠ると危険である
アメリカでは 最低1900年中頃までは 行政機関などにおいても組織病理を緩和するような研修や講座が開かれていたようである
それが現代ではどうだろうか
この手の研修は 全く即効性がなく 従って評価の対象になりにくい
大変長い期間に対する長い熟考性を要するものだ
まずこういった研修などに対する価値を認めなければならないということだ

19　環境治療

風通しのよさなどの環境を良くすることにより治療を行うことは普通にある
すなわち個別組織内事案を一般的なロジックに整理して再考し直す　淀みをなくし清涼でオープンな考えをいれリフレッシュしていくことだ
組織病理では　大変重要なアイテムだ

20　両方のアダプテーション

自分の仕事が合うか　又は仕事に合うよう適応するか
どちらも社会では普通に行われている
社会全体の効率が良いのは　適材適所であることのほうがよいのはあたりまえで　職の流動性など社会インフラの整備などから組織非効率の間接的軽減には役にたつだろう

21　継続の利点と組織病理の集中との違い

ひとは大抵の場合同じことの継続により優れた芸術家になったり運動家や研究者だったり実業家なり根気よく続けることが必要になる
しかし組織病理でも長い集中による要因があり継続とどこが違うのか
同じことの繰り返しだが　アクティブフィードバック的な慣性移動とネガティブフィードバックを含む質的向上を目指したものとは全く違うということだ
アクティブフィードバックは無駄なエネルギーの損失を伴い大抵の場合長期の劣化要因となる

22　士気の高さが効率に繋がるか

なぜ士気の高さは　効率につながるのか　目的に向かって無駄が少なくなるのが士気の高さであり　手続きが煩雑になり無駄が多くなるのが組織病理の一つの特徴である　　さらに組織病理下状態では　全く理に適った思考ができてなく無駄が多くガラクタの状態になり極端に組織効率が落ちているこ

とがあげられる

23 常に過多か過小

ひとは何事も多過ぎても困るし少な過ぎても不満が残るものだ
バランスが人生の主要な課題である所以だ
組織のバランスとは最大効率の微分零のときだ
組織の良好バランスは時間偏移で時間偏位のない状態ともいえる
組織構造も長い月日をかけて固有のものに変化してゆきなかなか最大効率に達していくことは困難だろう
また大きな外部環境変動は組織病理を緩和するような働きをもつことがあるが重度になればあまり関係なく内部崩壊に向かうだろう
リフレッシュするときは　常に客観視できる状態の確保が重要だ
組織の健全性とはになる

24　平和であるための努力とは

世界各所で組織病理の理論を理解してもらうことだ
いくら現代の教育を進めても大事な組織の学がないため現代人間社会の学問に欠けているといわざるをえない
私は公基学として現在も執筆中だが　現今は一律でない偶発的な優れた教師個人の教育でしかない
また自然物理的な論理の育成は　人間の概念が入る数学より重要だろう

25　月旅行

近い将来月旅行が盛んになるだろう　　　それこそほんとのハネムーンだ
月の重力は地球の約6分の1だ　この重力の少なさは組織病理に冒された人々を癒やすだろう　　　物理的な治療法だ（未知の領域のためよくわからないが　精神的にも重力と組織の内圧など考える時間教養になるのでなかろうか）
重力に押し潰されそうな組織圧からしばし開放され　ひょっとしたら組織病理の根本的解決法になるかも知れない

26　組織病理の5段階評価

組織病理を1から5まで　重くなる順序で評価するものである
1　組織創設期
2　極めて健全
3　安定期に入り病理や改善などバランスを保つ状態
4　組織病理が重くなって行く不可逆的移行期
5　組織病理末期崩壊寸前

一般的に3の状態が多いが　3から4へは移行しやすく一度4の状態になるとなかなか改善は困難だ
5になるとほぼ組織崩壊が近い
如何なる組織も普遍的に知らない間に数字は増える傾向にはあるも減らすためには　相当の努力と改善意識が要る

27　あまりきちんとしないこと

音楽でいうとジャズの音間隔ピッチの問題もそうだが　余りにも正確なタイム感覚は時につまらなくなる　　何事も正確

性の拘りは人間性から離れていき機械的になってしまう　ゆらぎが組織においても意外と大事な要素となることはわかっていない
余りにきちんとした入れ物は中身を腐らせてしまう
適度のゆらぎが成長の糧になる
回転系や曲線系には時間のゆらぎがただよう
重力の一意ベクトルの根底にはゆらぎが無くなっていく
ある意味重力は必要ではあるものの重力に委ね続けることにより不胎化が進む
大組織にはつきものだ

28　幅が広がる

世間一般に人間の幅がどうだこうだと言われることが多いが具体的にみていこう　　多様性に対する柔軟性が経験により養われていくことだと思われるが　あと柔軟な寛容性だろうか　　なぜ経験でそうなるのか
一つのやり方で失敗してやり方が間違っていた場合にやり方を変える等の新たな思考時間をもつとか　この場合失敗がやはり大きな糧になりそうだ
多くの失敗の集積が人間の幅に繋がりそうだ
組織では失敗は最大の敵と考えられてしまうため失敗を許さない風土がどんどん幅を狭めていってしまう

医者のジレンマとは　本来医師自身がその病気に罹患し自身の体験を踏まえて優れた研究治療できるはずだが現実はそれを許さない
様々な高度専門家には失敗体験がなかなかできない環境にあるためうまくいかないことが多い
本書では　自己の失敗体験に基づくものを主として経験のみからしか理論化してないため机上の空論はほぼ無いと自負している

29　怒ることの内的時間

感情的な怒りは論理の精確度に大きく作用してアクティブフィードバックを高めまた解決を力ですることはあるかも知れない
災禍を残していくのが力ずくの怒りでありどちらかというとアポロ的でなくディオニソス的な泥地帯　即ち条理が働くのでなく人間的な道理に訴えるような動物的本能があることが多い
ひとは怒りの時間中に決して時間が進むことがなく感情的なループのなかで渦を巻き続けるだけでその怒りの解消に向け代償行為を考えるためなかなか冷静にならないと良い解決策を見つけることが困難になる

30　何を諦めるか

一つの目的を達成しようとする場合大抵何かを諦めなければならない
諦めるものの中にも選択肢があり迷うことが多い
組織では制約があり主に資金的なもの時間的なもの信用に関することなどあるが　一番考慮が必要なのが安全に関することだ
安全を重視するのでなくどれだけ最小の安全確保の受忍度があるかが健全な組織のバロメータになる

31　信用の種類

信用は対外的にも組織内でも大切な一つの財産だ
与信により金融支援や信用による取引の開始など信用を失うと潤滑に組織目的が果たせなくなる
組織内の信用は効率性の潤滑油になり信頼関係が人間の能力を最大限に引きだすだろう
信用はなかなか目に見えづらい無形の財産のため評価も難しい故に知らず知らずのうちに低下してゆくことも組織病理に

比例する

32　波の伝わりかた

波を命令のオーダーと考える
上からの波と横の波同士の干渉で波乱の起こることがある
当然時間遅延と効率低下に繋がる
また極端に波の方向が上から下のみになってくると要注意だ
健全な組織は多方面の波が比較的多い
まあ多過ぎると統一性のない組織にもなりうるが程度問題もあるだろう

33　報酬と組織

ほとんどの組織では　報酬を対価として構成員が成り立っている
組織化という教育練課がありひとも組織体として一体化してゆくがかなりの濃密度が様々な組織において違う　　組織化の教育鍛錬に重点を置いている組織は費用も掛かることになりしっかりした組織となる

一方でそのような統制の利いたしっかりした組織は　病理にもなりやすいという欠点もある
教育にどれだけ無駄とも思える無形を教える余裕があるかは大事なポイントだ
報酬が誘引だけではなかなか良い組織になりにくいからだ

34　ぼやけたもの

明確でなくはっきりしない量子論的なものが多い　　明確にすることが善だと執拗に一方向に流れてしまう悪循環は組織病理ではよくあることでここでも大きく効率の阻害となる
ぼやけたものを許容できる懐の広さは大事なことで　しかし集中のアクティブフィードバックは発熱ショートを起こしときにそれを許さなくなる
強く長い集中は諸刃の剣になりうるので必ず弛緩の余裕が必要だ

35　時間の垢

時間の堆積は　同じことの絶えなる積み重ねから変化を拒絶

する慣性法則からなる
時間の垢とは　第一に新鮮さの褪せることから発端とはなる
ひとは飽きやすい
飽きないような刺激や動機付けに絶えず工夫を凝らすような組織は病理に移行しにくいはずだ

36　階　層

普通組織には　階層がある
ラインにおいて階層があまり多くなり過ぎないことは機動性から大事ではある
しかし組織規模が大きくなるにつれて　どうしても階層が増える傾向にある
階層は組織病理の第一原因となる最も主要な要素だ
しかし階層を無くすわけにはなかなかいかないので　いかにデメリットの軽減を図るかが大事だ

37　無駄なもの

無駄な資源というものが目に見えない貴重なものになってい

ることがある
わかりやすい例では　長年継ぎ足されてきた老舗の店のタレ（保存管理の時間に無駄という意味で）とか多種多様あるがどれも数値化し難いもののことだ　　ゆとり教育の良さ（詰め込む時間短縮という時間の無駄の放棄）が社会にあらわれ理解されるかされないかは　百年単位か又は　永遠に理解されない可能性すらある

38　微分のはなし

時間偏移は程度でなく　微分した時にはっきり出る差を意味する
差とか量ではなく方向性に意味がありその継続性により新しい未来を築くこともときにある

39　生物の情報とは

DNAに個体情報が配置されているようだが　普段この情報は新陳代謝などの基礎的方向に寄与している
後転に作用するのは　今あるエネルギーの原動だ

言うまでもなく過去や未来に過度にこだわらないことだ

40　今すべきこと

CP 奨励金などの待遇だ　すなわち組織の無駄を改善した職員を好待遇することだ　特に行政機関において最もやるべきことだ
現行幹部には耳の痛いはなしにはなる　　何故ならば普遍的に幹部などに昇進すればするほど多様性能力が失われていくからだ
またそのような小さなシステム設計が意外と効果のあるものだ

41　オーソドックスな教科書の問いかけ

教科書通りとは　良い意味でも悪い意味でも使われる
教科書の弊害は　社会の状況の多様性からしばし応用の必要なときが沢山訪れることにある
逆に教科書を知らないため上手く困難な状況を切り抜けることもある

全て柔軟性の賜だ
あくまで教科書などの重要性は根底にある基礎の考え方をどれだけ学ぶかだ
その点では点数とミスマッチなことが多い
蓋然性からの一般論に偏りがちなので個別実戦演習を軽視できない
即ち教科書で普遍的な事柄だけを鵜呑みにして全ての事象にあてはめようとすると必ず例外のある世界からはみ出してしまう

42 弱めることの大切さ

アクティブフィードバックの欠点は弱めることを知らないことだ
増強一筋になっていき目的を達成できないと自己破壊まで続いていきがちだ

43 一番でないといけない？

常に究極をもとめる余裕のないつんのめるような姿勢はアク

ティブフィードバックの悪い例です
組織病理ではこうした過程を無視した結果のみに拘る形式性が強くなります
この場合質を全て量に変えていくためネガティブフィードバックの余地は大変軽視されていきます

44 流動性の原則　交通の流れで

交通における信号は　安全性からの整理における経済性のバランサーとなる
ときに余りに長い時間の間隔の信号はこれこそが正に目に見える時間遅延としての社会がある　　組織時間遅延はこのように　運転手の主観的時間と対外的時間の差のようにある組織と対外的環境の時間差から軋轢となっていき発熱からのアクティブフィードバックのひとつの要素になる
流動性の時間ロスが省ければそれなりに全体の流れにも影響がある

45　規則と動きにくさ

規制や法律のようなものは増える傾向にあるが　昔は風習や慣習又は長老の意見などが役に立っていたのだろうが情動等の不合理性が副作用として付随する
現代では合理性の重要度と反復予見性と安全安定な規則が大変重視される時代だ
規則が増えていくに従い何かことをおこそうとする度に大変な時間がかかる
これが経済的な大きな損失になる
更に思考の時間停滞となり物事が捗らなくなっていく
組織病理の遅滞原因でもある

46　重力の場

社会における重力場とは人的影響力の強弱だったり規範・規制・慣習のようなハードコアと情動心的なソフト面から成り立ち惹きつけられるサムシングというものがその組織全体の場を形成する
重力源は命令系統の上位になり常に固定化や力の増える方向

に晒されている
宇宙の法則と同様に普遍性のある法則に従っている
これらから逃れる術はこの普遍性を理解するしかない

47 浪漫の罠

男女関係でもわかるように幸福の慣性から惰性が生じる
浪漫とは未知なるものがあることだ
ある物事の理解が進むにつれはじめあった浪漫が希薄になっていく　浪漫は常に未知の領域を残すことで保たれ組織において余りに全てを明確にしないことが求められる
しかし近年グレーゾーンの壊滅的傾向が強い
これは機能合理性と生きる楽しみである浪漫とのバランス問題で　何事もほどほどは実はかなり大事なことなのである

48 生命の橋渡し水

水は全ての生命体の橋渡しをしている
この水の流動性の変化を考えたことがあろうか
ときに水蒸気などの気体また液体は勿論のこと冷たくなると

固体の氷に三態変幻する
水は生命体で一番重要な要素だ
また地球全体を循環し絶え間ない三態を　変化してあらゆるものを繋いでいる
地球気候調節として雲や雨で温度バランサーにもなっている
リジッドな組織には水のような柔軟性が必要で　水に学ぶことは無限にある

49　急いては事を仕損じる

何事も余裕が必要だが慌てるとなぜ失敗が多くなるのかは車のアクセル等のアソビに関係ある
アソビのないアクセルの　大変危険なことはほぼ常識として理解されているだろう
所謂昔のLPレコードなどでのトレーサビリティという追従性の問題がある
針は精確即時性が求められるが　ではなぜ車などでは精密追従性に問題があるかというと　速度に対するひとのからだがあまり精密でないからだ
組織の中枢もこの大事な問題を見逃しがちだ
意識速度の速さは歪みを生じる

50　ひとの内面を鍛えるか外面に注力するか

内面を鍛えることは短期的には役に立たない
これは一般教養勉学でも同じだ　　長い熟成が必要でもあり
学習時間に対するネガティブフィードバックの最たるものだ
組織の中に文化があるが目的とはあまり関係のない文化がど
れだけ豊富にあるかが重要な組織病理の緩和要因となる
内面には一切かまわずもっぱら外面のみに注力することはア
クティブフィードバックの共振になりやすく注意が必要だ

51　惰性の慣性法則

ひとはある一定のルーチン仕事にかまけがちだ
新たな人手のいる他部署への応援についつい自分のルーチン
仕事に逃げてしまいがちだ
なぜそうなるのだろうか
ひとは脳からして　省力化傾向がありそれがからだの行動と
してあらわれてしまう
打破するにはある努力が必要になり　これがこの世で努力が
尊ばれる真の理由だ

52　商売は量に帰する

商売で大事なことは同じことの反芻永続性だ
これが質と連動してゆくことで継続時間が相関するようだ
アクティブフィードバックの良い例では量が質を凌駕したり
また量を犠牲にして質に変換するネガティブフィードバック
はあらゆるところで応用できる現象だ

53　質の良い社会

質の良い社会とは　正しい知識や考え方で満ち満ちている社会ではなかろうか
極端なはなし戦争などの状況になると誤情報が多くなることから明らかではないだろうか　一方で様々な分野における高度情報専門化の中にも大変危険なものが沢山含まれている
人間はしだいに多過ぎる情報の渦の中で正しい選択をすることが困難になる
たとえば相対性理論などは徹底的な物事の矛盾の消去から成り立つ理論のためこれを考えて理解することは社会の正しさを見極める能力の訓練には最適ではないだろうか

54 ブラックホールな教育機関

昨今スマホなどの影響からいつでもどこでも必要な情報が瞬時に引き出せるようになった
現在の国内の義務教育からして進学受験まで　相変わらず記憶力一辺倒のまるで思考力を奪うかのような　また新しい発想を育むような環境ではない
現在の社会環境からすると記憶より考え方の比重が遥かに高く評価されるべきだ
ところが記憶第一主義で成り立ってきた教育者たちには全くどうしていいかわからないのが現状だ
たとえば生徒たちの評価一つでも減点法から全て加点法に変えるとか　そうすると客観性や公平性が保たれないとか評価に時間がかかり過ぎるとかのことなどから躊躇してしまう
しかしそんなことは過去の話で　今はAIなど上手く活用すればいくらでもできる可能性がある
それこそ問題は　記憶第一主義者たちの煩瑣な知恵しか出てこない教育制度にあったのだからなかなか大変なことではある

55　規制の多さの弊害

現代では無数の法律やら規制が多くて経済活動など大変非効率な時代にはなっている　　　また本来のひとの自然な生活など　できるなら法律や規制は出来るだけ少ないに越したことはない
しかしこの高度なカテゴリーの意味を教えるような学問さえないのが現状で実はまだまだ大変遅れた文明社会にいる

総　括

組織病理に進みにくくなる類の小述を中心にしてみた

もともと組織最大効率化と病理移行は表裏一体なことであるものの似て非なるもの分岐点となるものが時間という人間には過ぎていくだけの質を考えない縦軸に重要なポイントがあることを明示しておきたい

すなわち効率等は数字で表すことが可能かも知れないが病理指数はその移行時間の膨大な長さと数字で表し難いことがあ

げられる

Chapter 4 (多様性)

1 私の宇宙論（宇宙物理に興味が無い方は飛ばされたし）

このあたりで　私が真面目に考える宇宙論を提示してみたい
　　　何故ならば　この宇宙論にある程度理解なければ　本書をもうこれ以上読もうとか思わない分岐リトマス試験紙としたいからだ
また組織に興味があるような人々は　なにがしか物理にも造詣が深いと観察するからだ

エネルギー保存の法則
エネルギー＝正物質＋反物質
無限の空間と物質とエネルギー
これだけで宇宙の全ての状態を説明できる
なお反物質は　斥力があり真空中を全てエーテルのように一様に埋め尽くしている
ビッグバンは　超巨大ブラックホールの壮大な時間経過による爆発と考えられる
ブラックホールは　（限りなく長い導火線をもつような　すなわち巨大になるほど長い線）自然の時限爆弾だ　我々の宇宙にあるブラックホールの数々は　まだ爆発には　全く時間が足りない
そのためブラックホール同士の合体が進んでゆき巨大化する

が　その間近傍周辺の全ての物質やエネルギーを綺麗に吸収して無くすため　他の遠方の星々の光が地球に届くのも爆発後もかなりの時間がかかる　　宇宙が暗いのもこのような理由がある

重力は　正の物質の関係類のため重力場の強さに応じて　反物質が均一でない
反物質の存在とその圧は　物質が加速していっても決して光速に達しないことから間接的に証明できる

以上から　宇宙が無になることは　あり得ないし始まりも終わりもない

ブラックホールは　宇宙で唯一エネルギーを物質に変えて無限宇宙の循環に関係している
またその時に反物質が真空宇宙に放出される

反物質の分布は　主に真空間だが　ブラックホールのコアでは　存在できない　　ただし重力場の強弱に応じて　分布密度に差がある　物質と反物質は　共存可能だが　反物質の分布密度は物質や重力に応じて薄くなる

反物質の様なエーテルがないと　特殊相対性理論の物体の縮みは　説明がつかない

光には　限りなく小さいが質量がある（パウリの著書『相対

性理論』を参照されたし）

重力に影響を受けるものには　全て質量の存在を定義できる
反物質は　重力の影響を受けないが　分布に関係する
また物質は親和性をもちマクロ的には　特殊な条件以外は
普段は反物質と反応しない

ブラックホールを軸とする星々の公転で　内周は強力な重力
場のため見かけは　回転速度がゆっくりに見えるが実際は
基本ケプラー法則に基づく内周の速度は外周より速い

重力波は無くてもよいし　重力がエネルギーの放出を助ける
ようには考えにくい
重力は　物質に対して収斂的なため

一つあるものは　必ず複数無限に存在する

以上だが　かなり異論があることは承知の上である
まあどうしても納得いかない方は　中断するしかないが　そ
の前に正しく相対性理論を理解してからと言いたい
実際無理なことかも知れない　ですからご自由にされたし

2 引用方法のごまかし方

書籍類になるが 昨今引用方法の巧みな操作が大変気になるところだ
例えば アインシュタインが重力波を予言していたからそれに基づく実証を確認したとかいう類の兎に角自説に少しでも有意になるような引用である
このようなものは 大変注意が必要で 大抵何らかの不正がつきものだ
権威を利用するものに価値は余りない
重力波は 測定指標となる光についても物質同様に重力の影響があるため重力波の有無にかかわらず現状は測定自体できない
特殊相対性理論と一般相対性理論の混同錯誤から理解不能な権威者では測定できたと錯覚があるようである
これも全世界のほぼ全ての相対性理論の無理解からくる暗黒中世時代と変わらない
本書では 正しい相対性理論の礎に近づくべく社会啓蒙もめざしている
組織病理の重い症状では このような文言解釈においても自己都合有意が繰り返されるようになり 組織的改ざんになると末期の症状だ

3　歴史における教訓

古代マヤ文明や平安時代へと興味深いことがある
スペイン人侵攻によるマヤ文明崩壊は　よく聞かれるところではあるがほんとうにそうだろうか
もともと小国分立連携で長らくやっていた国が統一国家にしようと突如崩壊したらしい
急速な内部崩壊ともとれなくもない
まあ過去のことなので　今となっては　よく分からない
平安時代がかなり長く続いたのには　組織病理が上手く緩和されていたのでないかと興味深い

4　波

宇宙の全てのものは　波から出来ている
つまりエネルギーと素粒子が絶えず絡まりあっている
ひとの好不調から潮汐まで
月の軌道のように　おしては引いたりよせる波だ
循環と波は　同義だ
生命体の鼓動も循環を意味し波のようにうねることもある

宇宙からのパルスに関係あるのだろう
光の進行にも波があり　様々な色として感知できたりする
発光体が離れていったり　また時間進行のより遅いところからの光には　赤方偏移という現象がおこる
簡単にいうと後ろ髪引かれる光の状態だ

5　少しやわらかく

かたくなりすぎてもいけないので　生命体に関心を
たとえばトルストイの『人生論』がある
理性をもとに欲望などを従属させることにより真の幸福を継受するという素晴らしい内容の書だ　　ところで生命体は死ぬとどうなるか
生命体は仮に意識という魂が継続（時空上のはなし）しようがしまいが　死んでも知識は引き継げないだろう
あとは　考えても無駄だ
まあ　なるようにしかならない
この時間の区切り方は　組織病理でも重要な要素になる
組織の存続に対する軛がそもそもの素だ
生命体にパラダイムのスイッチングは　なかなか困難だ
まあ有限脳内には　無限の直観的理解が困難と同じくらい難しいのだろう
また自然物理からすると矛盾物であるとさえいえるかも知れ

ない生命体が　自然物理そのものの相対性理論を理解しにくいのも当然だ

6　長短であらわすひとの性格

よく長所とか短所などと　ひとの性格をいいあらわすことがある
波長で考えるとわかりやすい　　ひとの性格を電磁波のような波に喩えると　良いところを長波とする
ゆっくりたゆたうような大きな波だ　　一方で短波は　強く直進性のある力のある波だ
長短は　必ずしもどちらが良いとはいいきれない
一般的には　長所が望ましい
短所については　持ってる波長が共振しやすいことである（同空間内での強度という意味で）　またエネルギーが長波より強いため　　影響が外部に強くでることである（比喩的表現で物理的には光粒子一つ一つは波長に関係なく同じエネルギー量と私は考えている）
ひとのリズムは決まっているのか　光粒子の軌跡にたとえてみると初めの波長から延びていくことはありえるが基本的に初めのままだ
ひとの個人の生活パターンリズムも同じような傾向にありそうだ

これは時間進行多様性とみてよいのでないか
光の場合に波長の長い光粒子の軌跡自体は　波長の短いものより絶対速度が速い
では波長の短いエネルギーの強い光粒子のそのエネルギー自体は質量の関係と移動速度（ミクロな軌跡）の関係のトレードオフでないかということだ
これは一つ一つの光粒子がみな同じエネルギー量と考えた場合だ
これの意味する最もわかりやすい例は　一人一人の人間はみな同じような能力を平等に分け与えられているのでないかということだ

7　男女の脳構造の違い

組織内でも男女の恋愛や利害関係で　よく揉めることがでてくる　　ここで少し注意が必要だ
大抵男女双方の言い分が食い違う　　まあ特に悪意のある作為的言動でない場合どちらも真実を言っているのである
男女の脳構造の一番大きな違いは　強い感情の衝撃が　多くの場合に　女性に遡及的に感情に沿うような事実に脳内が書き換えられることだ　　以後は　書き換え後の情報が女性にとり真実となる

さらに女性脳と男性脳で大きな違いが　女性脳は比較的形に
とらわれず　実をとることが多い　この違いは集中力の違い
からくる
男性脳は　より長く強く集中することに長けている
この時間が全体的なバランスに偏差をもたらすことが多い
組織内解決の参考としてあげた
また一人に対して　多数の異性の塊に圧倒されてしまうこと
がある　これは同一波長のパワーを圧として増幅されるから
である

8　完全主義　II

完全主義者ほど醜いものはない　衛生的な綺麗好きも大抵は
精神的な問題が潜んでいる
なぜ完全主義に走りがちになるかは　強い集中力の長い継続
からの理想を描くからである
理想を描くことは　決して悪いことではない
では　どうするべきか　これが人生の課題だ

9 身近にありわからないこと　青い鳥

初めから身近にあることは一番気づきにくい
家族や住んでる地域や風土文化についてなど多くのひとは
当たり前の環境になる　　時間遅延も同じようにわからなくなる

10 お金のカラクリ

紙幣発行などは　元々民間発祥であるし　貨幣発行者は発行利益がでる
これを貨幣発行益というが　経済学の教科書などでは　まず取り上げられない
パレートの法則も取り上げられにくい
もともとの釈尊の仏教典など見たことあるひとがいるのだろうか　なぜ原典でなく改変させられたりしたものしか見れないのだろうか

様々な経済事情とか根深い人間の性（サガ）によるものや権威者の存続事情など　どちらかというと存続安定の理由から

歪みが生じるのは　やむを得ないのだろうか

11　鳥類の磁気感覚

恐らく鳥類は地磁気の感覚が色のように見えるのだろうと私は考える
これは飛行に便利で必要なものとして自然に備わったのだろう
このようなひとに見えなく理解できないものが　時間偏移である　各慣性系で（移動ベクトルの違う全てのもの）非常に仔細でも微分係数的に行動に影響されていくのが組織病理の本質のためひとは認識困難となる
鳥類は　ひとの3元から4元という大変すぐれた視覚器官等からも恐らく地磁気の変化を色の違いとして見ているのではないか　事前の地震予知や伝書鳩などがこれらの機能から帰巣として行えるのでないだろうか
まあ容易に想像のつくところではある

12　教育で一番まずいこと

教育で大事なことは　可能性を摘まないことだ
どういうことかというと　最低限の基礎からあとは　あらゆるどれも絶対正しいとか断定しないことだ
絶対限定をできる限り減らすことだ
先の法律概念もそのような意味がある
物事は　常に流動的であるし常識というものもいつまでも続くわけでない
自然が変わればひとも変わる
環境は変化してゆくのが世の常だ　　知識世代の教師は思考型の生徒を育てることはなかなかできない
大きな発想の転換ができなければ不可能だ

13　作用反作用

宇宙には収斂か離散しかない
ゆっくりした接近か　急激な熱愛とか　別れや爆発
宇宙の永遠無限の常態は　常に収斂してゆくか　爆発しかない

その中間に生命がある　　必ず回転系の波が必要だ

ブラックホールのような超重力星は　自らの中心に向かう反作用から必ず爆発する
ただし恐ろしいくらいの時間の経過が必要だ
地球からみるとブラックホールの時間は止まっているようにみえる　ただ完全停止でなく恐ろしいくらいの時間遅延があるのみだ
大きくなればなるほど　時間遅延は更に大きくなる
組織病理は　このような似た要素がある
とてつもなく格段に違う相似形だ

14　相似形

宇宙常態の素粒子の移動と地球上の社会現象などは　沢山の相似形がある
社会経済には　沢山の宇宙物理現象から学べることが多くあるのに　誰も学ぶことがない　縦割り細分化のためだ
たとえば社会科学でさえ文学部の社会学と経済経営系の組織論でさえ隔たれている　両学は喩えると肉と骨というぐらい分ける意味のないくらい一体で学ばなければならない　一つの生態を身と骨格及び血流とわける意味は全くない　政治学にしても然りだ

一方で宇宙物理学は　ニュートン力学を基礎にするが如くアインシュタインの相対性理論を正しく理解しなければ　物理の基礎を成さないにもかかわらず　多くの専門家のほとんどが相対性理論を屈折理解の上に他の細分化専門分野へ進むため理論宇宙物理学は　いま一番遅れた学問分野になっている
奇妙な理論が多く体系内矛盾が無数に存在する
数学体系内矛盾にさえ気づくこともなく数学を駆使しているからなおさらだ
多くの理系者にして　数学は絶対必須と考えているひとたちも多くいるだろうが
数学自体は　その場合において道具としての価値しかないためより物事を精緻していくために活用するに過ぎないが　錯覚しているひとが多いのではないだろうか

15　医学の進歩

医学については　日進月歩のように昔の常識の改訂が行われている
理論宇宙物理学のように実証や結果に膨大な時間や又はわからないということでもなく医学については　個体差の多様性があるものの人が死んだり結果が割と明確にでやすい
そのため医学の進歩は　多様性とともにあるだろう

ところが理論宇宙物理学に至っては 出鱈目でもなんでも大勢の理論オタクを騙せるならそれでもよいというある意味非常に無責任でまた仮に間違いだろうとフェイクだろうが罪に問われることがない

こんな常態で進歩があるのだろうか あとは科学者のモラルとあまり高度な錯覚の罠に皆が嵌まらないように期待するしかない

また現在でも中世の時代にあったような地球は回ってないとかいうように大勢の常識が時々全く間違ってないか注意する必要がある

大勢の共通した誤った概念を 固定概念と私は呼んでいる
辞書などにある個人の固定観念とは違う

16　行政に携わるひと

民の中央集約的な行政サービスに従事する人達は 高給ではあまり良くない

何故ならば 民間と違い不安定さがない これへの精神的報酬としては計り知れない まあ代わりにモラルとか品行とか制約は厳しくはなるが

報酬が多くなっていくにつれサービスの質は むしろ下がりがちになる

信頼とか多くの人達から期待もされ名誉となる
報酬は少なくとも多くの人達の役に立ちたいというひとは結構いるものだ
ボランティア精神の強さと高給は比例しないからである

17　曲　線

この世は　直線と曲線で成り立っている
まあ大抵のものは曲線で構成されているといっても過言ではないだろう
宇宙で一番多い形は　球形でなかろうか
一方で　光の進路はあたかも直線であるかのように見えている（実際は重力場の影響でくねくね曲がっているが）
また直線は曲線の一部だともみれる　　しかしあまり厳密に考え過ぎると直線の意味自体がなくなるかも知れないため大体でよい
相対的に曲線から一番遠いものが直線としてもよい
曲線は　生命に深く関係があり　また回転運動は生命の源と考えてよい
何故ならば宇宙では　継続的な回転がなければ　生命の存在さえ成り立たなくなる　　柔よく剛を制すとは　宇宙の普遍的な常態をあらわしている

18　命の意識とは

意識とは　脳脊髄系などにある素粒子の回転系でないかと
私は考えている　　　回転速度など変化するのではなかろうか
また物質とエネルギーの中間的ななにかではないだろうか
永久に同一の意識が続くのかはよくわからない
ただいずれにせよ　記憶は引き継ぐことができない
記憶は脳が　ほぼ担っているからだ
ひょっとしたら生命は　宇宙で元々の存在　連続あるのみ
なのかも知れない
すなわち新しく命は発生しないのではないか
宇宙は　無限で永久と考えているため　この考え方でいくと
地球の生物類は　他の天体などから飛来したことになる
統計的確率でみても今のところ地球上で新しい生命体の発生
は一例もない

19　ゲームの多様性

全ての人間の活動は　生命維持のほかは　ゲームともいえる
かも知れない

ゲーム類は　数学や法律学と大変似ている
どういうことかというと　みなある条件の下に最善を尽くそうと努力するからだ
条件を作りその体系内で　あたかも矛盾を無くすかのように論理的な知能を使う
一方で多様性とはなんだろう　　そのゲームの目的にいたる様々な方法すなわち過程である　　多様性が重んじられるのは生命体そのものの生き様だったり　ただ単に生きること自体を愉しむことに他ならない

20　価値観は関数で成り立つ

価値のとりかたは　まあおよそプラスかマイナスかで連続した総量で成り立っていると考える　極めてデジタル的だがアナログでも究極的には分子の粒だ
デジタルは　音楽のCDでお馴染みの通り細かくしてゆくことによりアナログに幾らでも近づけていける
ところで　価値観とは有り体にひとがよいと感じることだろう　　また幸福感もそれによく似た感情だろう
気持ちよいもの　または不快でないものとも言い換え可能かも知れない
これらの数値が最大になったとき　またはそれが連続するとき　ひとはいつまで幸福でいられるのだろう

ひとには　飽きてしまったり退屈になることがある
大体において良きにつけ悪しきにつけ同じことが延々と続くような時だ
またひとは　平和で退屈が最大の苦痛にさえなりうる
平和とはなんだろうと考えることもあるかも知れない
光・熱などのエネルギーは　正の物質と負の物質の反応からエネルギーに変化するものや化学反応もある
人間の価値観には　必ず負の面が貢献している

21　何故冤罪はおこるのか

人間の法などの道理に従い罪を糺す機関が存在する
それは継続的に非常に熱心であるし正義感が強く必ず道理を正すため執拗に追及を続ける
実はこの長い長い集中の中に歪みの可能性がおこりうる
すなわち初めは　正しい判断基準だったものが　当人に気付かぬうちに歪んでゆくものが組織病理の原理だ
また複数でもその系内では誰も気付かないのが　組織病理の特徴だ

22　芸術は全て波

絵画とか音楽は　全て波だ
光の波長は色に変換され　音は縦波の振動が音色として感じられる
生命体の感覚は　ほとんどが波の媒体として伝播するものだ
普通どのような物体でも必ず振動している
またそれは熱量とされる
恐らくであるが　重力にあがなう行為のようなものが生命体の芸術の発露でなかろうか

23　絶妙なバランス

平和は全て絶妙なバランスの上に成り立つ
人間には　水や食物が必要だが飲み過ぎたり食べ過ぎたりすると逆に健康を損ねたりもする
バランスは　全ての物事を支配しているともいえる
大体バランスの崩れたところに終末のようなものが訪れる

24　数学について

数学は　日本図書十進分類法で　410と自然科学の中に位置付けられているが少し疑問だ　　私なら710と芸術の中に位置付けたい
最も実用性の高い芸術にはなろう
何故ならば数学体系には　どうしようもない矛盾があるからだ
これは　零と負の数の混入から明らかだ
また正数においても計算順序など本来数学に予定してなかったことに違いない
数学の根源的な矛盾緩和のため複素数も登場したはずが　オイラーを代表として多くの数学者が乱用して混乱させている

25　滝を登る魚

非常な速さで流れる川も魚は逆流して川上に達する
このことは　世の中は程度問題が大きいことを意味している
すなわち一見正しそうなものでも間違いの多い大勢の中では正しいものがかき消され　間違いが正しくなる

また古来の老子にあるように歪んだ者には　真っ直ぐな者が歪んで見える　　　世の中の評論がかなり出鱈目なのはこのことに由来する

26　連続だけに価値をもつもの

同じことの繰り返しで価値のあがるボウリング競技がある
楽器の演奏なども一音一音の音の連続だ
大抵のスポーツには　動作の速さというものが重要だが　ボウリングに速度はあまり関係なく兎に角ピンを倒せばよいものだ
寧ろボールの重量が有利不利であったりボール回転軸の角度など極めて物理学的なスポーツともいえる

27　派閥とは

大きな組織には　派閥のような筋目ができることがよくある
派閥とは何だろう
ある目的や生活信条または　生活心情など　ある一定の最大公約数の一致性だったり又は最小公倍数の共振性だったりい

ろいろあるだろうが　いずれにしても何らかの共振性であろう
物事の本質は　全て波である
波は共鳴したり反発したり様々な挙動を絶えずおこしている
派閥は組織活性化に寄与することもあれば　癌化して組織を崩壊に導くこともあるだろう　　派閥の問題は取り敢えず組織病理からは省きたい

28　重力波の予言

近い将来宇宙空間に重力波望遠鏡が打ち上げられ重力波観測できないことを予言しておこう
地球上では地球振動があるためレーザーの干渉計に反応データがでるのだろう
真の相対性理論の理解者にはこの結果は明らかである

29　神に意味があるか

よく神様に礼拝とか　小さいころからみな神様の存在を悟らされる

ほんとに神様はいるのかと問われれば　ひとの心の中に存在するのだろう
あと物理的には　同じ物質でできた体の素粒子的な物質とエネルギーの織りなす自然物理の矛盾の無さの人間の考えるバランスが神様ともいえるだろう

30　灯台下暗し

灯台には　広く海を照らし船などに指標を示すという重要な役目がある
そのため灯台には高さがある　　　灯台下暗しとは高さ故に自らの足元が不案内になることをいう
高さは灯台の専門性をいいあらわし　専門家の死角を的確にあらわしている
しかも海において灯台はとても重要だ　　重要な柱に死角があり見えずに壊されることもあれば　専門性どころか専門性故に見間違えるということだ
組織病理と高度な専門性は　その病理の強さに比例する項目の一つになる

31 情報の稠密化

情報稠密と専門性は似たようなものだ　　筋目とか制御に意味があるだけだ
星のブラックホールを考えればよい　　稠密とは動きにくくなった時間遅滞状態と考えれば簡明だ
情報稠密でよくない一番の問題は　情報が情報の邪魔をすることだ
普通に素直に考えれば　ごく当たり前のことが　その分野の高度な専門家では　別の専門知識が邪魔をして正しい結論に辿り着かないことが実に多い
また情報過多は思考の時間遅延をおこすと同時に　論理の美しさが失われることになる

32 囲碁における効率性とは

囲碁というゲームは　ルールが非常に単純な割に奥深いといわれる
何故だろうか　ひとえに宇宙マトリクスをあらわしているようにも考えられる　　ただし碁盤は有限なため宇宙とは違う

ここにゲームたる所以がある
効率とは　この有限性から最大ポイントを見つけることに他ならない

33　ひとの魅力とは

ひとの魅力は　全て不協和音から成り立っている
すなわち全て正順でないことがひとの魅力の根源となる
往々にして　正しいことと魅力が反するのはこのことから明らかになる

34　重力による核融合

太陽は自らの重力により中心部が高温高圧になり水素を押し潰すようにヘリウムに変換させすなわち質量の消失変換からエネルギーに変えて中心部からとてつもない長い年数をかけて太陽表面から放出している
組織の中心部で相当な集中から圧をかけて　太陽のように活動ができるのか
良い意味でも悪い意味でも戦争のような非常時には　そのよ

うなこともあるかも知れないが普通はブラックホールのように　もっぱら時間遅延の方向に働きよい結果に至らないことが多い

今あるコンピューターは戦争時代に最も加速発明されたものだ

35　サステナビリティ

持続再生可能とかいわれるがすべからく宇宙は　酸化と還元で成り立っている

廃棄は再生を意味する

36　変化の多い水分子

およそ地球上で目まぐるしく液体から気体　時には固体と七変化しながら大きく自然界全体を動き回る

なお水はみな共通の同じ規格だ　世の中には同じものが変化してることが沢山あり水は典型的だ　温度が違うことにより様々なバリエーションがあり　温度とは分子の活動の大きさでありエネルギーを意味する

ピラミッド型の組織形も世界的に規格としては共通性があり目的が制御する
ほとんどの場合目的が組織の形を決めることが多いが
人間の知恵で形が変わることもある

37　ひとの生き甲斐とは　欠点も生き甲斐のうち

生命体は生きること自体が一番大事で意味がある
時々他の生命体を意味なく殺してしまったりすることもあるが　大体生命体の潜在的自己欲求（消滅したいという）から内に対してでなく外に向けてすることがある
なのでそのような生命体は　命を奪うことも全体としての総和がパレート最適ともいえるかも知れない
実際に組織自らが解体したいと考えることもあるのかも知れないが　自らは崩壊するまでどうしようもないことが多い

38　宇宙原理

私が考える宇宙原理とは　一つあることは無限にあるということだ

たとえばビッグバンが 一度あるなら無限に起こるということであるし一度生まれることは無限に生まれることであるし物質があり無限にあれば エネルギーも無限にあるということだ　　　無から宇宙が生まれることはない
莫大なエネルギーから物質などに変換したり逆に物質からエネルギーに変換したりすることは無限に起こる
何物も消えて無くなることはなく変化するだけだ
またこれはアインシュタインの $E = mc^2$ の本来の意味である
理論宇宙物理学は　創作空想科学と物理学が混在しているため気をつけなければならないしまたそれだけの不明が多いため不明を創作仮説で埋めているだけだ
このあたりを正しく認識してないと混濁の渦に入っていくだけだ
また組織病理は永久に繰り返すのだろうが　何故組織病理が起こるのか認識の有る無しで大きく軽減される可能性があるということだ

39　静かなる海と創造の光

大きなことをしようとすればするほど大きな組織体になることが大半だ　規模の拡大につれて時間の遅延と安全志向が高まる
徐々に創発性の脆弱化が水面下で始まる

創発性は　重力の小さいほうが有利だ
静かな巨体は　時間が遅く動きも鈍い
創発が生まれにくいのは　慣性的な重力による　安定志向に委ねてしまうからだ

40　車のマナー

経験のある車の運転手間には暗黙のルールが存在する
鳥の集団が長い旅をするときでも自然にＶ字形になるのは風の抵抗などよく知っているからだ
経験の長い職場の従事員には無駄が少ない
無駄が少ないのは　経営学の大事な一つのテーゼではある
自転車や車などの駆動系は音が重要で異音が出ることは無駄がある可能性があるということだ
車間のトラブルなどは　素人と玄人の差の問題もあるが　余裕のない玄人の場合も多々あるのでないか

41　なぜビールは真っ先か

必ずしもドリンクが先ということでもないが水系が始まりに

なることは居酒屋などでは当たり前で　組織でいえば始まりの挨拶に等しい
挨拶から始動のスイッチが入っていくのは自然な流れだ
液体の水など世の中の流動性を端的にあらわしている

42　仕事と娯楽

一般的に制約された活動と弛緩による自由性が対比として成り立つことの多い要素だ
または圧力と開放
先に述べた集積が仕事にあてはまるだろう
普通は交互の循環が行われる
集積と離散だ
これも一つの宇宙常態で社会も波のようなリズムで動いている
睡眠による休止と活動も同じだ
充分な娯楽の楽しみを味わえなくなるような変調リズムになると組織病理内にいることを疑ったほうがよい

43　音の浪漫と機械的組織の憧れ

1980年代頃まで空前のオーディオブームで沸いた時代があった　　CDが出始め　また増幅アンプの性能が飛躍的に進化向上したのもその頃が境の節目でなかろうか
以後音は良くなり過ぎて現在まで音装置マニアは衰退の一途だ
軍隊の官僚制組織もドイツのホロコーストの時代に若者は強く惹かれるものだったろう　　ひとは何か不明な欠陥のあるものに魅力を感じ惹かれることが多くある
一般的にピラミッド形の組織が大半のため宇宙のマトリクス常態からは　空隙のような歪みがでるのかも知れない

44　組織連携の力

同じ目的を持ち共存関係にある組織が　競争的に互いに高めあう場合には長短がある
長所は病理に移行しにくいことだ　　短所は不正が起こりやすいことだ
連携の副次的なメリットは余裕の対応力になろうが　デメ

リットとして力の減衰になりがちなことだ
連携には複合的なメリットが生じていることが多いが評価がしにくいということが多く寧ろ力の減衰と相殺されていることが多い

45　条件多寡

数学も法律学もある条件の下で最適解をもとめるもので　その意味において共通している
一般的に組織規模が大きくなるにつれて制約や規則などの条件下による目的達成ということが増えてくる
条件を遵守することが目的化され本来の目的から逸れることもありがちなことだ
条件の多さは機動性に難をもたらし　複雑化することによりミスのおこる確率が増える
条件はそもそもが有限資源性や有限時間性からおこる
組織は何かにつけて有限界のうえで目的を達成しなければならないことが多い

46　娯楽の湯加減

時間感覚のマヒから温泉などに浸かり過ぎてのぼせてしまうことがある
このタイム感覚は　組織の歪みぐらいわかりにくいものだ

47　時間スケールの相似形

如何なるひとも物事の内容により大小拘らずその中での展開となり経験や思慮の高いひとほどパラダイムシフトが多様になる
すなわち一つのものに執着しすぎると歪みのもととなる
たとえば音楽のジャズの発展においてもコードに拘り続けたやや重い感じさえする初期のモダンジャズからモードへと自由度を増したことから幅の感じられる重さの緩和されるようなモダンジャズへと進化した

48　ゴム星人

人間は動物の一種類だ
別に衣類を着て鍵をかけるような家に住むことはしなくても
生きてゆけるのが本来だ
生まれたときから一定の文化を引き継いでいるため当たり前
のような慣れ常識になっているだけだ
まあ大脳の発達のようだ
いろいろ便利になり科学技術の発達はめざましい
しかしその技術による世界各地の戦争とは一体なんだろうか
組織病理の究極形は戦争になることだ
真剣に大規模組織の故におこる副作用を何度も繰り返す歴史
から学ばなければ大脳の意味がない
ただのゴム人間でないなら

49　戦争とは

組織病理の究極形は　硬化していくことだ
柔軟性が失われる
ひとことであらわせばそんなところだ

また大変な長い時間の上でおこるため時間の病ともいえそうだ
クロノス時間の神様に立ち向かえない故だ
時間に対する学問があまり見当たらない
時間軸の歪みは音響機器ではジッター歪みとしてある
しかし仕事や生活では時短とか見直されるようになってきてはいる
時間短縮は効率性の問題で組織の歪みとは少し違う
時間偏移は相対性理論のようにひとが認知し辛いシステムケースのような中にいることだ
人間の感覚や認識に時間誤差が影響を与え続けて方向のズレが起こると考えられる
流石にこの詳しいメカニズムは本書においても未解明だ（アインシュタインのローレンツ収縮系内の時間としては系内に変化がないがその他の物理的変化の可能性は全くわからない）
ただしかしこのような普遍的事情があるという科学的理由があるとわかるだけでも大事で重要なことだ

50　斜は独特の違和感を想起させる

ピラミッド型の組織は　斜が至るところで待ち構えている
斜は魅力でもあり可能性を狭めてもゆく
また究極形は　破壊とか爆発に連なることもある

でまた新しいスタートだ

51　鳥と亀

鳥は重力に逆らうように大空に羽ばたく　一方で亀は高いところが苦手だ
鳥の時間は速いのに対して亀の時間は大変ゆっくり過ぎてゆく
変化が多いのは鳥で　亀は変化が少ない
しかし変化の差に質的な差がない
どれだけ差が小さくても変化としては同じだ

52　スーパー　コンシャス

意識が連綿として続くとして　しかし情報は引き継げないために　ある意識は情報を何処かに貯蔵しておき次に新たな何かの生物に生まれ変わった場合にそれを探し出し意識と歴史情報の統一性を保つとかありうるだろうか　まあしかし前世との関連性はどう結びつけることが可能か
まあ聖書とか仏教とかがそれらの最大公約数としてあるのか

も

53　組織の磁力

世の中では　物理の世界で四つの力が　重力から袂を分かちあうといわれている
そのうちの磁気力について
まあ磁石だが　恋愛は何か磁気力のようなところがないだろうか　結婚すると重力が働き　磁気力は付かず離れず　強力にくっつくと思いきや　嫌悪が猛烈に作用したりと魅惑の世界ではある　　組織文化にはかようなところがあり　よく一方を立てれば他方が立たずというような理がある
２進法など全てそのように成り立つ　但し正物質と反物質の融合反応は　エネルギーという３という数字が発生する
組織の磁力は　倣うという良くも悪くもフォースに具現化される

54　組織の微振動

余りに細かいことの過剰反応　　近年重力波とかいうものが

観測されたとか
しかし実体は単なる地球振動を捉えているに過ぎない
早かれ遅かれいずれ宇宙空間にマイケルソン・モーリーの原理が無力だということが明らかになるだろう
組織微振動は　電気自動車のモーター周辺の独特な微振動による小さな音からわかるだろうが集中のエネルギーからおこる振動だ
これを防ぐことは困難だがひとの英知で緩和することは可能だ

55　世の中の悪の論理

産業社会において悪の論理が働くことがある
たとえば健康を謳う失敗商品だとか世界で禁止されている保存料等の流通など　またマスコミの報道のありかた　　　目的を外れひとの煩悩による報道のための報道
ほとんどが組織維持のためのものだ
組織体は生命体の如く維持のため時に悪事も働かなくてはならない
まあ悪事のない社会は興奮も少なくなっていくのだろう

56　幸せのトレンド

太りつつあるひとは　より沢山食べることに幸せを感じ　痩せつつあるひとは食べないことに幸せを感じる
組織の幸せ感は拡大にあるのだがやはり慣性の法則に勝てずに流される

57　組織は自らのことをどれだけ理解しているか

ゾウが自分の姿を見えないように大きな組織は自らが見えない　　見ているつもりでも中からでは　強い組織重力からの時間遅延により外から見る客観性に遅れることになる

58　病的理論ラビリンス

高度専門家は必ず陥る普遍的な自然物理だ
理論の罠に嵌まるともいえる

ある専門事項が固まってしまうとそれが大きな軛となってしまい邪魔をすることがある
そのくびきが正しければよいが間違っている場合永久に物事の全体像が歪んでしまう
なぜなら個々の専門事項の変数は柔軟に考えることはないからだ
また高度専門家は安易に変えることもしない
アクティブフィードバックが働き太い節になっているからだ
そのため変えようと努力しても　そもそもがその変えようとする動機すら発生しない

59　強迫観念と手足切断

手足など切断事故があったひとは　ときにあるかのように感じることがあるらしい
思考の観念にも全く同じことがおこる
到底ありもしない事実が頭の中でおこったりする
天才的な数学者フォン・ノイマンはナチ関連の迫害後居もしない人物が見え続けたらしい　　聡明なひとだから現実を受けいれそのまま日常生活を続けたらしいが　組織では事実か虚構かわからぬまま行われるとおかしなことになる

60 矛盾のあるのは人間の思考概念で自然物理に矛盾はない

数学の矛盾体系から自然物理を適用すると　無から宇宙が生まれるとか時間を遡ってタイムマシンが可能とか奇妙な論理が生まれる
また直ぐに何々は無限だとかおよそ有り得ない点に収着してしまう
特にこの高度な数学の人間の概念上の弊害が多く　このことは組織病理にも根深い関係がありそうだ
組織病理にある中枢には錯覚や錯視混乱が含まれていそうだ
それが思考要素に練り込まれてしまうと分からなくなる
人間のある特性とも定義できる

61 居酒屋の個室と利便性

お客にとり何かと個室は有り難い　しかし店側としては無駄が多くて労力が大変だ
個室は非効率なるもひとの愉しみのスペースを確保するという時間と空間という経済と生命と宇宙全てが絡み合う　　こ

のような間隙の効率化が組織内でも健全に機能することが重要だ

62 パレートの法則

パレートの法則は　イタリアのパレートという人が　今から100年以上前に世界各国の人口と所得格差のある一定の比率割合を発見したものだ　　　国毎の政治社会制度に拘らずある一定の比率を俗に80/20の法則として応用される
たとえばある料理屋の全メニューの内の２割が全売上の８割を占めるとかまたは一般的な一冊の本は　２割を上手く読めば８割の理解が可能とか様々に応用のきく大変優れた　宇宙社会現象の波をあらわすようなものにも考えられる

63 有り無しのバランス

ひとはすべからく有ると邪魔で無いと寂しいという
過不足のバランスで成り立っているともいえる
物理的な引力と斥力が常にせめぎ合っているのかも知れない

64　制御の分からない天才

天才には社会不適合者が多いように聞く
しかしそうではなく何かに特化することでバランスが崩れやすくなるだけだ
社会で重要なのはバランスということもある

65　幼生期の劣等感

これはかなり危険だ
大人になり更に組織病理を加速させるとてつもない力になりうる

66　早期ガン発見

組織病理は　人体の癌と同じように早期発見・治療が何よりも大事だ　遅くなればなるほど内部崩壊しかなくなってしま

う
重力が近づく距離に応じて2乗で強くなっていく如く還元が大変難しくなるからである

67　本能の重要性

マニュアルに従うか破ってでも本能に従うか
命のかかる場合…
東日本大震災の教訓から

68　地震雲

情報伝達は振動（温度も含む）と電磁波（光も含みます）のどちらが速いかの話だ
地震の前兆に対するFM電波のノイズ混入は　かなり以前から知られていたようだ
地震雲も原理は同じことで
これは上空のイオン化した雲（水分子）に地下地層変動による地中電解石の圧搾による放流電流が地球地磁気との関係で影響を受けるというものだ（およそ東西にアフィン関数とし

て)
この時大きなゆっくりと地層が変動するとき振動として観測できるか　又はゆっくりした圧で壊れる電解石の電流が感知できるかは　今となっては明らかなことである
地震雲での真偽はいろいろいわれるが　実は相当の見方やノウハウが必要となる
単純な見かけでは見誤ることも多々おこる

実に私は40年近く観察している
無論深い海洋は電波など遮断要因とはなる　　運のよくないことにたまたま国内の権威組織は振動のみに注視してきただけだ
鳥類等他は　恐らく視覚等としてそれらの変化を振動でなく電磁波として感知してきたのだろう

69　ヒトの類型

ヒトの類型は　多くても3つしかないことを　明らかにしておきたい　人種　肌の色　地位　お金のある無し
関係なく

一つ　過去志向

一つ　現状事大

一つ　未来志向

大半が　過去志向だ
現状事大は　バランスを保とうとする件の努力
恐らく世界の約8割くらいが過去志向ではないだろうか
過去志向から組織病理が始まることになる

70　常識外れな相対性理論

太陽系では惑星運行の速度が遅いことと太陽質量がブラックホールに比べて小さいためケプラー法則のようなニュートン的な力学が成り立つ
しかし銀河など中心に超巨大ブラックホールを中心とする光速に近い運行をする恒星などは　相対性理論の影響が強くでるためケプラー法則が成り立たないように観察されてしまう
速度とは　長さ（L）を時間（t）で割ったものだ
超巨大ブラックホールのような質量を中心とするその系の内周では時間の進行が著しく遅くなる
更に物質の移動距離は　光速を上限とするため徐々に中心重力星と比例しなくなる
またその内周と外周では　時間の長さ（t）自体が違う

一つの角運動系では 内周と外周の同時刻な比較が遠方から可能だ
すなわち内周では 外周よりよりゆっくりに観察される
即ち仮に内周でほぼ光速で角運動移動している星があるにしてももっと遅く見えるのは時間（t）が観察点（地球）と違うため t自体の値が小さくなり更に相対性理論ではLの値の上限（299792458m/s）もある
結論をいうと内周外周同じような速度に見えてしまう
どこにもダークマターの出番も必要性も感じない
正しく相対性理論を理解できないとダークマターとかやれ重力波だと妄想概念が湧きおこるのではないか

このように人類にとり如何に時間偏移について常識外れかが理解されよう

総まとめ

組織病理は　アインシュタインの相対性理論を基礎に　その応用から時間の歪みとして一生命体としての人間の思わぬ死角を散文的かも知れないがあらゆる角度から述べてみた

本来は　相対性理論を理解して社会に還元できれば　幸いであるが　なかなかそうはいかない
あえて承知の上で説明を試みたが　まあ少しでも何か意義のようなものを感じていただければそれで十分だと考えます

最後に　アインシュタインは重力のある時空間を数式であらわすに大変な苦労をして　リーマン幾何学（数学概念のあり得ない異空間）を利用してなんとかユークリッド幾何学（現実的な宇宙空間）に近づけようとしました
ただリーマン幾何学は　概念の世界で現実の物理空間とは違うため今もって多くの専門家でさえ正しく理解されてないことが少々残念でなりません　　世界のできるだけ多くのひとが正しく相対性理論を理解して　社会におこる様々な矛盾を極力少なくできれば　これにまさることのない世界の幸せに寄与できることでしょう

　　　　　　　　　　　　　　　　　　　　　　　　合掌

謝　辞

今まで社会や多くの人々にご迷惑をかけてきた自分を振り返り　たまたまのご縁から文芸社の越前利文さま及び各位の方々には　運よくこのような機会を与えて頂いて感謝に堪えません
ありがとうございました

著者プロフィール

金田 裕治 (かねだ ゆうじ)

名古屋大学大学院経済学研究科修了
ビューロ・パソロジー専門家

読後の感想やご意見などはこちらにお願いします
アメーバブログ：ameblo.jp/bureauop

組織病理 （相対性理論の応用から）

2025年4月15日　初版第1刷発行

著　者　金田　裕治
発行者　瓜谷　綱延
発行所　株式会社文芸社
　　　　〒160-0022　東京都新宿区新宿1-10-1
　　　　　　　電話　03-5369-3060（代表）
　　　　　　　　　　03-5369-2299（販売）

印刷所　株式会社暁印刷

©KANEDA Yuji 2025 Printed in Japan
乱丁本・落丁本はお手数ですが小社販売部宛にお送りください。
送料小社負担にてお取り替えいたします。
本書の一部、あるいは全部を無断で複写・複製・転載・放映、データ配信することは、法律で認められた場合を除き、著作権の侵害となります。
ISBN978-4-286-26241-3